NÉGOCIER COMME CHURCHILL
Comment garder le cap en situations difficiles

Groupe Eyrolles
61, bd Saint-Germain
75240 Paris Cedex 05

www.editions-eyrolles.com

Directrice de collection : Anne Vermès

Dans la même collection :

Convaincre comme Jaurès, Yann Harlaut et Yohann Chanoir
Entreprendre comme les frères Lumière, Anne Vermès
Motiver comme Nicolas Fouquet, Anne Vermès
Piloter un projet comme Gustave Eiffel, Anne Vermès

Couverture et page de titre : © Antoine Moreau-Dusault

Le Code de la propriété intellectuelle du 1er juillet 1992 interdit en effet expressément la photocopie à usage collectif sans autorisation des ayants droit. Or, cette pratique s'est généralisée notamment dans l'enseignement, provoquant une baisse brutale des achats de livres, au point que la possibilité même pour les auteurs de créer des œuvres nouvelles et de les faire éditer correctement est aujourd'hui menacée. En application de la loi du 11 mars 1957, il est interdit de reproduire intégralement ou partiellement le présent ouvrage, sur quelque support que ce soit, sans autorisation de l'éditeur ou du Centre français d'exploitation du droit de copie, 20, rue des Grands-Augustins, 75006 Paris.

© Groupe Eyrolles, 2014
ISBN : 978-2-212-55707-7

COLLECTION DIRIGÉE PAR ANNE VERMÈS

YANN HARLAUT

NÉGOCIER
— *comme* —
CHURCHILL

COMMENT GARDER LE CAP EN SITUATIONS DIFFICILES

EYROLLES

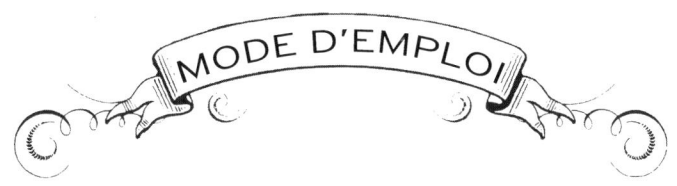

La collection « Histoire et Management »

Histoire et management, deux mots qui s'ignorent. Dans nos conceptions, l'histoire renvoie au passé, aux grands hommes figés dans leur siècle. Le management éclaire les enjeux économiques de l'entreprise d'aujourd'hui et de demain. Rien ne permet de créer des passerelles entre ces deux mondes que tout sépare.

Et pourtant si l'expression «management» est récente, les leaders du passé ont évidemment dû manager efficacement leurs équipes pour relever les défis qui ont été les leurs.

La grande et la petite Histoire au service de l'entreprise : c'est en fait l'enjeu de cette collection.

À partir de sujets d'actualité, comme «piloter un projet», «motiver ses équipes», «entreprendre avec succès», «influencer positivement»…, nous vous invitons à faire «un pas de côté» en allant à la découverte de ces leaders du passé, qui modestement, vous offriront leur expérience managériale comme base de réflexion et de questionnement dans vos pratiques actuelles ou futures, au sein de vos organisations.

Gustave Eiffel sera un exemple percutant dans l'art de piloter un projet contre vents et marées, Nicolas Fouquet, ministre des finances de Louis XIV, vous donnera des conseils pour savoir «comment motiver durablement ses collaborateurs», et si vous êtes tentés par l'entreprenariat, les frères Lumière vous feront partager les étapes pour entreprendre efficacement. Sans oublier le talent de Jaurès pour convaincre ni celui de Churchill pour mener finement les négociations les plus complexes.

En outre, cette collection cherche à :
- vous apporter des expériences tirées du vécu des hommes qui ont été confrontés à ces différentes problématiques ;
- vous enrichir de leur expérience pour considérer différemment un problème, une question, une thématique afin de vous inviter à transposer un ou plusieurs conseils de ces hommes et femmes du passé et à les intégrer (à votre façon) dans votre pratique quotidienne ;
- donner ou redonner du sens à ce que vous vivez en entreprise en sachant que d'autres personnes, dans d'autres contextes, ont vécu cette situation et ont su trouver les solutions adaptées.

Ainsi, l'Histoire est utilisée pour éclairer le présent et le futur et pour permettre d'aborder les grands défis du management qui se posent ou se poseront au sein des entreprises.

Le passionné d'histoire redécouvrira l'Histoire sous un angle nouveau, le manager y trouvera une référence managériale vécue, pratique, des conseils et peut-être une envie d'en savoir plus sur ces leaders.

Cette collection est une opportunité de rencontre, un face-à-face, un dialogue entre ces hommes du passé et ceux du présent. Elle permettra peut-être d'expérimenter, via la lecture de ces récits, ce que Gregorio Marañón y Posadillo, médecin et philosophe espagnol, explique : « Il existe un passé qui n'est qu'un cimetière de l'histoire. Il en existe un autre d'où jaillit, dans sa profondeur vivante, la source du futur. »

C'est pourquoi chaque livre de cette collection suit une progression similaire.

1. Le leader du passé face à ses défis. Nous racontons l'itinéraire de construction personnelle de ces hommes du passé ; ce qui a modelé leur pensée, a été à l'origine de leurs motivations profondes, les questionnements et les défis auxquels ils ont dû faire face. Comment ont-ils appréhendé le monde dans lequel ils ont conduit leurs actions? Quelles ont été leurs sources d'inspiration? Comment ont-ils construit leur vision managériale?

2. Les actes fondateurs de leur management et les bons conseils sur lesquels capitaliser pour agir demain. Munis de cette compréhension intime des ressorts de motivation de ces hommes du passé, nous proposons un voyage au cœur de leur action, des équipes qu'ils ont conduites, animées, motivées, développées…

Quelles sont leurs «recettes»? Comment ont-ils fait face à des obstacles de taille? Comment ont-ils su conjuguer le talent du leader qui consiste à piloter une vision et celui du manager qui consiste à faire réaliser à une équipe des desseins ambitieux?

3. Les moyens de réussir: soyez bâtisseurs de votre propre parcours, à vous de tirer le fil entre passé et futur! À partir des conseils de ces leaders, vous vous questionnerez sur vos pratiques, sur ce que vous réussissez particulièrement bien, sur ce que vous aimeriez retenir de ces hommes du passé et que vous souhaiteriez transposer dans votre quotidien.

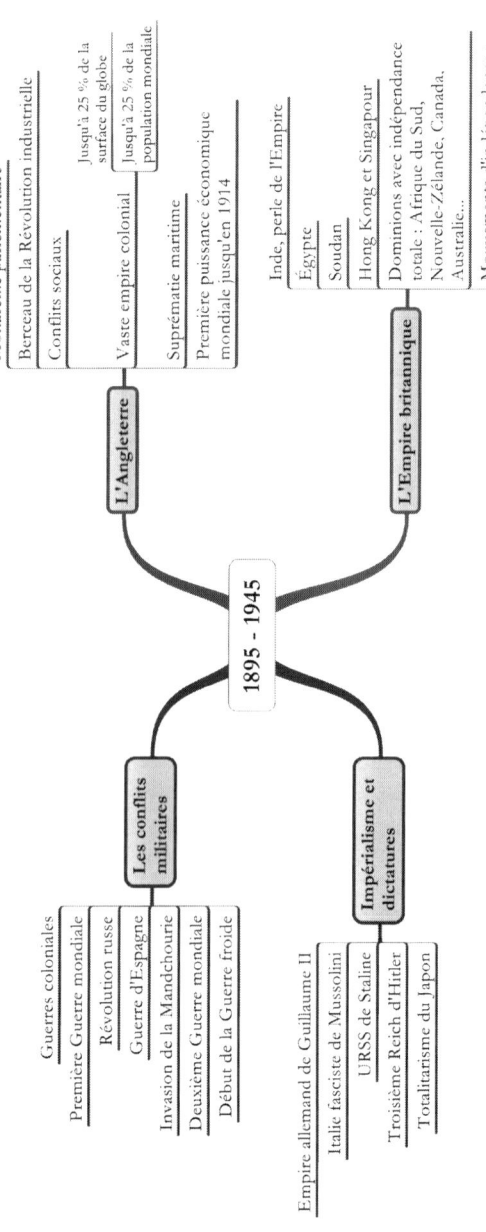

LES GRANDES NÉGOCIATIONS DE CHURCHILL

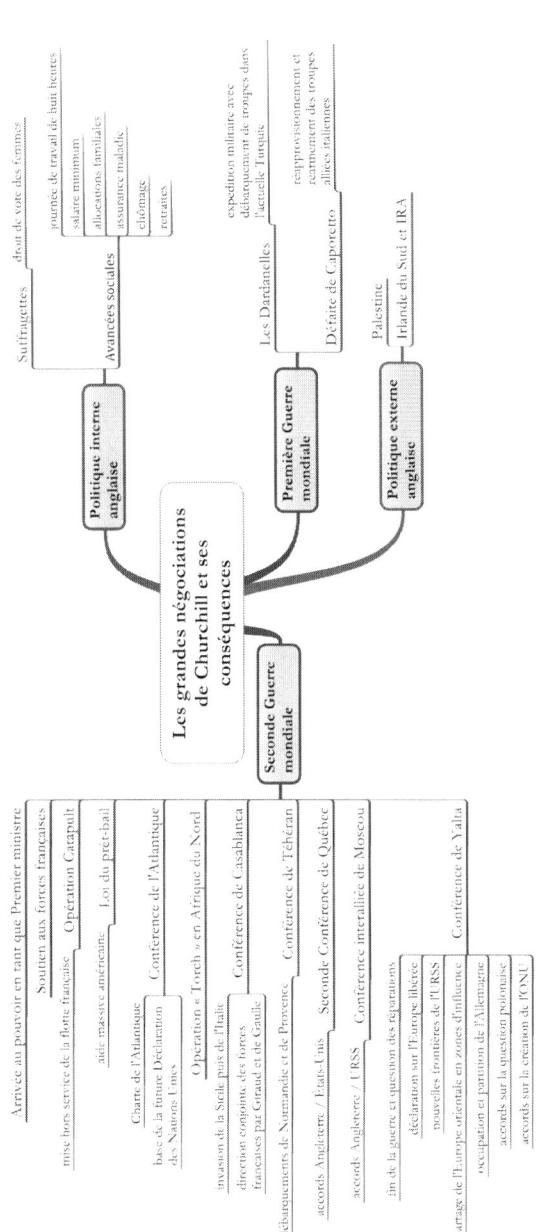

© Groupe Estrelles

CHAPITRE 1

NÉGOCIER...
POUR EXISTER :
LES BLESSURES
DE L'ENFANCE

> « Sa grandeur ne venait pas de sa perfection,
> mais de sa capacité extraordinaire à surmonter
> et dépasser ses imperfections. »
>
> *In* Michael Dobbs, *Churchill à Yalta*.

Winston Churchill est un homme politique atypique. Issu de la noblesse, élève médiocre, soldat exalté, journaliste prolifique, écrivain renommé, homme politique d'envergure, ministre à plusieurs reprises, tantôt dans la majorité tantôt dans l'opposition, conservateur puis libéral et à nouveau conservateur, il fut Premier ministre, chef de guerre et diplomate durant la Seconde Guerre mondiale. À juste titre, il est considéré comme l'une des personnalités les plus influentes du XXe siècle.

Cette appréciation est confirmée le 20 avril 2013 par le cabinet PricewaterhouseCoopers lors d'une étude sur les personnalités inspirant les dirigeants de multinationales dans l'exercice de leur leadership : mille trois cent trente interviews ont été conduites dans soixante-huit pays entre septembre et décembre 2012. Malgré des différences géographiques et culturelles, Winston Churchill arrive en première place. Pourquoi un tel choix ?

Leader d'exception, Churchill est exceptionnellement humain. Il est tour à tour colérique, dépressif, visionnaire, intransigeant, intuitif, romantique, émotif, courageux, aventureux, imaginatif, bourreau de travail, perfectionniste… Il a tout connu, les réussites et les échecs, l'influence et l'isolement : sa vie est un roman, son action un exemple. N'est-il pas le seul cancre de l'histoire à avoir reçu le Prix Nobel de littérature ? Sous l'impulsion de Churchill, tout devient possible.

- Quels sont les ressorts de ce leader ?
- Quelles furent ses réussites ? Ses échecs ?
- Où puisait-il sa force de conviction ?
- Comment a-t-il réussi à créer sa propre voie pour mener à bien son action ?

Churchill est présent dans les principales négociations du xxe siècle dont il est souvent l'instigateur : de l'accord d'un État libre irlandais (1921) à celui de Palestine (1922), de la charte de l'Atlantique ancêtre de l'OTAN et de l'ONU (1941) à la conférence de Yalta (1945). Il est certainement le négociateur le plus influent de l'histoire, réfléchissant et infléchissant l'organisation du monde d'après-guerre.

- Quelles sont les méthodes de ce leader pour mobiliser ses ressources face à des négociations complexes et difficiles ?
- Quel est le profil de négociateur de Churchill ? Qui est fondamentalement cet homme si difficile à cerner ? Quels sont les leviers de son action ?
- Quelles sont ses techniques pour négocier avec ses ennemis d'hier ?
- Quels sont ses points forts pour négocier avec succès ?
- Quels messages cette personnalité historique peut-elle transmettre à ceux qui, en entreprise ou dans leur vie, doivent négocier, garder le cap, encore plus dans la période de turbulences que nous vivons ?

Voici le portrait d'un homme psychologiquement complexe, à l'enfance marquée qui a tant à faire partager aux leaders et managers contemporains.

Une personnalité complexe

Churchill n'est pas un négociateur modèle, un grand diplomate à l'instar de Mazarin, Metternich ou Talleyrand. C'est une personnalité contrariée, dont l'enfance a été humainement négligée. Trop émotif, en opposition au système éducatif, sa scolarité a été calamiteuse. Jeune homme arrogant par naissance, il est rebelle par goût ou tout simplement pour exister. L'homme a de nombreuses faiblesses personnelles, des points de vigilance qu'il a tenté toute sa vie d'amoindrir ou de contrer.

Maniaque et cyclothymique, il est enclin à des accès de dépression, accompagnés parfois d'une tendance suicidaire. Il avoue d'ailleurs à son médecin qu'il n'aime pas les balcons, passerelles, garde-corps ou bastingages de crainte qu'une humeur soudaine ne le pousse à sauter.

Surnommé «gueule de bouledogue», Churchill n'est pas un homme de compromis, souvent perçu comme dur et intraitable. C'est un lutteur qui fonctionne au rapport de force. Il s'emporte facilement, tentant au maximum de maîtriser ses nerfs. Avec une telle attitude, il peut tout perdre et c'est ainsi que son père a quitté la politique, sur une saute d'humeur.

Homme de caractère, il exerce une influence positive ou négative sur ses interlocuteurs. Nul n'est insensible face à Churchill. Cette influence est primordiale lors des phases de négociation, galvanisant son auditoire ou l'horripilant tant ses propos paraissent parfois excentriques.

Obnubilé par ses propres désirs, il pourrait oublier d'écouter les avis des autres. Pourtant, en bon négociateur, Churchill ne se contente pas d'une écoute passive, il est aussi présent dans la discussion et suscite les échanges. Dans tous les cas, il ne veut pas aboutir à des décisions sans lendemain. Churchill a le sens de l'histoire et mesure pleinement la portée des grandes décisions.

Tous ses défauts auraient dû créer un homme asocial; il s'est pourtant affirmé comme un leader d'exception. Car il maîtrise d'instinct l'art de se faire des amis utiles et dévoués.

C'est un homme qui sait attirer et s'entourer : affable, gourmet, amateur d'alcool, de cigares et de casino. Il joue continuellement avec son image d'épicurien.

Churchill tente toujours d'instaurer un climat de confiance mutuelle comme le remarque le général Kennedy, qui écrit dans son journal : « Winston inspire indéniablement confiance ; j'admire la façon dont il abat un travail colossal, calmement et en paraissant toujours se distraire. »

Il se connaît parfaitement, sait lorsqu'il a tort ou lorsqu'il a raison. Son meilleur allié c'est lui ; son pire adversaire, c'est lui ! Il connaît ses moteurs, capitalise sur ses points forts et jugule au maximum ses faiblesses.

UNE STABILITÉ INTERNE

L'homme public est bien différent de l'homme privé. Churchill est un mari, un père puis un grand-père attentionné, aimant et prévenant. Il a une réelle stabilité dans sa vie familiale.

Il se marie tardivement, à trente-trois ans avec Clementine Hozier, son indispensable « Clemmie ». Le couple aura cinq enfants. Pendant cinquante ans, Winston et Clementine vont offrir au monde l'image d'un couple modèle, surmontant les grandes crises de l'histoire. Une véritable passion anime ce couple qui échange entre deux télégrammes internationaux de tendres mots.

Churchill est sensible, meurtri particulièrement par le décès, à l'âge de deux ans, de sa fille Marigold des suites d'une méningite. C'est un bon père mais le grand négociateur international va se révéler plutôt mauvais dans les médiations familiales face à des enfants impulsifs qui ont hérité du caractère de leur père. S'il cède facilement à leurs caprices, il n'hésite pas un instant à les protéger lors de divers scandales.

Un homme bouillonnant comme Churchill a besoin d'une retraite, d'un havre de paix. Ce sera le manoir de Chartwell, situé dans le Kent, en pleine campagne. Cette résidence sera son refuge, lorsqu'il voudra ou sera contraint de quitter la vie publique. Il défriche, scie, plante, construit un barrage, assèche ou creuse des mares. Il fait construire une piscine chauffée, rempli son parc d'une véritable ménagerie : cygnes, oies, poneys, chèvres et béliers... Il y est un véritable *gentleman farmer*.

C'est là que viendront tous les grands décideurs de l'Angleterre mais aussi les premiers acteurs de la diplomatie internationale. Le 2 septembre 1938, alors que Churchill n'exerce aucune position officielle, l'ambassadeur d'URSS se rend discrètement à Chartwell pour constituer un front URSS-France-Angleterre contre l'Allemagne.

Pour penser, apaiser ses angoisses et chagrins, Churchill se tourne vers la lecture, l'écriture et la peinture. L'aquarelle sera son refuge jusqu'à plus de quatre-vingt-dix ans et notamment dès 1915, après l'échec de l'expédition des Dardanelles. Jamais il ne partira en voyage sans sa boîte de couleurs, ses pinceaux et son chevalet. L'artiste Churchill va réaliser près de cinq cents aquarelles dont certaines mises en vente dans une galerie parisienne, sous un nom d'emprunt : Charles Ardoin.

Churchill dispose enfin d'une formidable mémoire, d'une grande capacité de synthèse et de projection. Son cerveau n'accepte ni frontière ni limite de temps ou d'espace. Il maîtrise l'histoire passée, la géopolitique présente et analyse les grandes tendances mondiales. Ses idées et son action sont en perpétuel mouvement.

LE MOUVEMENT, C'EST LA VIE

Churchill est énergique, imaginatif et bouillonne d'idées. « J'aime qu'il se passe quelque chose ; et s'il ne se passe rien, je fais en sorte qu'il se passe quelque chose ! » affirme-t-il.

Il est pressé de vivre sa vie et d'accomplir son destin. Il a vu son père mourir à quarante-six ans et il est convaincu qu'il mourra jeune. En Afrique du Sud, il confie à un journaliste : « Le pire de tout, c'est que mes perspectives de vie ne sont pas bonnes. Mon père est mort trop jeune. Il faut que j'accomplisse tout ce que je peux avant l'âge de quarante ans. » Il s'agit d'une de ses rares erreurs de jugement puisqu'il décédera à l'âge de quatre-vingt-dix ans.

Sa force principale repose donc sur cette énergie, son extraordinaire force de travail. Churchill ne s'arrête jamais de travailler ou, plutôt, ne s'arrête jamais de faire quelque chose, quels que soient sa fatigue ou son état de santé. Le 17 février 1943, il tombe gravement malade, atteint d'une pneumonie. Mais il continue de recevoir et de traiter, heure par heure, ses dossiers. Quand il s'aperçoit d'une « diminution notable du nombre de documents », il s'insurge ; les médecins et sa femme lui demandent de cesser tout travail. « Je ne pouvais y consentir. Qu'aurais-je fait toute la journée ? » rétorque-t-il. Tous se liguent contre lui et parviennent néanmoins à le forcer à ne recevoir que les documents importants et à lire un roman.

L'homme déprime quand il est oisif et compense par une hyperactivité, travaillant de seize à vingt heures par jour. La journée professionnelle du Premier ministre Churchill commence à 8 heures ; il travaille dans son lit, dans son bureau ou dans sa baignoire où il lit tous les télégrammes et dicte ses instructions. À 10 h 30, réunion. À 13 heures, copieux déjeuner au cours duquel il mange et travaille. Une heure de sieste puis de nouveau le travail avec un second bain. Entre 15 heures et 17 heures, et sauf désaccords, toutes les décisions essentielles sont prises, le restant de la journée est consacré à l'organisation et à l'analyse. Dîner et coucher vers 3 heures du matin. Le tout est arrosé de quelques remontants légers comme le champagne, la bière ou le vin blanc, ou plus consistants comme le whisky, le cognac, le sherry, le porto... Quoi qu'il en soit, il absorbe l'alcool comme du petit-lait.

Churchill doit toujours être satisfait de sa journée avant d'aller se coucher : « Lorsque j'allai me coucher vers 3 heures du matin, je ressentis un profond soulagement. J'avais enfin le pouvoir de donner des directives dans tous les domaines. » D'ailleurs Churchill sommeille plus qu'il ne dort.

Pour négocier, il faut tout d'abord être capable de prendre des décisions opportunes. Pour le faire de manière rapide, juste et efficace, il veut disposer d'avis et de données. Le point clé des décisions de Churchill, c'est sa synthèse, préparée bien en amont. Churchill fonde ses décisions tant sur son intuition, sa vision que sur des données très rationnelles et statistiques. Dès sa prise de fonction au poste de Premier ministre, Churchill nomme son ami, le physicien Frederick Lindemann, au poste de conseiller scientifique du gouvernement, puis comme *paymaster-general*. Il est alors surnommé «the Prof». Churchill le décrit comme le lobe scientifique de son cerveau et lui fait une confiance totale.

L'une des principales réalisations de Lindemann est alors de créer un groupe de statisticiens dont le rôle est de convertir de très nombreuses sources de données brutes en graphiques. Ainsi Churchill peut évaluer et prendre rapidement des décisions fondées sur des données objectives. En juin 1940, Churchill adresse à Lindemann cette remontrance : «Vous ne me fournissez pas de statistiques hebdomadaires claires et synthétiques sur la production de munitions. Faute de cela, je ne puis me rendre compte précisément de la situation.»

Churchill doit donc savoir tout sur tout. Il peut déranger n'importe lequel de ses collaborateurs, à n'importe quelle heure pour obtenir une information essentielle. Pour lui, ne pas savoir est la conséquence de ne pas avoir posé la bonne question. Lorsque, en 1940, il apprend que la ville de Singapour ne dispose d'aucune défense solide, il est atterré mais assume : «J'aurais dû savoir, mes conseillers auraient dû savoir, ils auraient dû me le dire, et j'aurais dû les interroger.»

Churchill est un militaire et excelle dans la planification. Pour lui une négociation s'apparente d'abord à une bataille dont il convient au préalable d'établir le plan. Dans ses *Mémoires de guerre*, Churchill explique sa méthode pour mener la guerre, la politique étrangère et «bien d'autres domaines» : «La meilleure méthode consiste à choisir parmi de nombreuses solutions attrayantes ou déplaisantes celle qui va droit à l'essentiel. [...] Le refus d'adhérer à ce simple principe n'engendre que confusion et légèreté dans l'action, en aggravant presque toujours les choses par la suite.» Pour bien négocier, il faut être équitable, rapide et ferme.

Churchill aime les positions tranchées. Il joue cartes sur table au risque de dévoiler son jeu dès le début de la partie.

LE RENDEZ-VOUS RATÉ AVEC LE PÈRE

Fondamentalement, qu'est-ce qu'une négociation? C'est une rencontre et un dialogue entre deux ou plusieurs parties qui permettent de résoudre un conflit latent ou en devenir. La négociation est donc une forme d'intelligence et de raison contrairement au conflit, bien plus instinctif. Elle est donc omniprésente dans notre vie familiale, sociale et professionnelle.

Toute sa vie Churchill a dû négocier: avec sa famille, avec ses alliés politiques, avec le Parlement, avec ses supérieurs et ses subalternes, avec ses serviteurs ou avec les grands de ce monde, avec des démocrates et des dictateurs… Et pourtant, l'homme est impulsif et apprécie plus les coups, donnés ou reçus, que les vaines paroles.

Il a toujours pris des risques, conscient de l'importance de son propre destin qu'il associe à celui de l'Angleterre. Il a su trouver la ligne de conduite qui guidera son action. Mais comment ses jeunes années ont-elles préparé l'homme?

L'enfance de Winston Churchill s'est déroulée dans l'ombre de son père qui le fascinait et qu'il redoutait. Un mot aimant de celui-ci aurait probablement modifié sa personnalité, l'histoire de l'Angleterre, les frontières de l'Europe, la politique internationale… De tels mots bienveillants, il ne les a jamais entendus mais, en revanche, il a beaucoup appris des erreurs paternelles.

Le père de Winston Churchill, Lord Randolph Churchill, est un leader politique de première importance, à la carrière fulgurante, tant par sa rapide ascension que par sa chute brutale, tant par ses qualités innées que par sa déchéance physique et mentale.

Alors que Churchill a patiemment monté les échelons du pouvoir et marqué de son empreinte la politique britannique durant quarante ans, l'action de son père n'a été qu'un feu follet, brillant mais éphémère. Pourquoi? Cet échec est-il la marque de la différence fondamentale qui existe entre les deux hommes dans leur habilité à négocier ?

Les ancêtres des « Spencer-Churchill » ont eu un réel impact sur l'histoire de l'Angleterre. Le premier duc de Marlborough, John Churchill, l'un des plus grands généraux de l'histoire britannique, a vaincu à plusieurs reprises les troupes de Louis XIV : à Blenheim (1704), Eliksem (1705), Ramillies (1706), Audenarde (1708), Malplaquet (1709). Pour le remercier de ses faits d'armes, John Churchill reçoit un château dans l'Oxfordshire, baptisé par la suite « palais de Blenheim » et où naît, le 30 novembre 1874, Winston Leonard Spencer-Churchill.

Le père de Winston est un brillant étudiant d'Oxford à l'avenir prometteur. En voyage en France, il tombe follement amoureux de la ravissante Jennie, fille de Leonard Jerome, un millionnaire américain excentrique. Ils se marient six mois plus tard : *so shocking* pour la haute et vieille aristocratie britannique. Ce mariage manifestement passionné permet de renflouer les poches plutôt vides de Randolph Churchill. En effet, les Churchill ont l'habitude de dépenser bien plus qu'ils ne devraient.

À vingt-cinq ans et dans le fief familial, Randolph Churchill est élu député conservateur aux Communes. Il se fait d'ailleurs remarquer pour son éloquence tout autant que par son goût des mondanités, de l'alcool et du sexe, s'attirant autant les sympathies que les inimitiés. Un différend avec le prince de Galles et le voilà provoqué en duel. On lui propose alors un exil doré : l'Irlande, et un poste de secrétaire du vice-roi, charge occupée par son père. Trois générations de Churchill vont vivre quelques années à Dublin.

Son père absent, tout comme sa mère, occupée par les mondanités, égoïste et frivole, Winston Churchill grandit entouré de domestiques. Sa santé est fragile, il est souvent alité à cause de grippes et de bronchites à répétition. L'enfant est capricieux, turbulent et insolent, tentant d'attirer l'attention et de combler le désintérêt de ses parents qui mènent maintenant des vies parallèles.

Randolph Churchill est le témoin des tensions entre Irlandais et Britanniques ; il reçoit et écoute toutes les factions politiques. Certes il temporise plus qu'il ne négocie, n'ayant aucun pouvoir, mais il voyage et se rend compte concrètement des réalités sociales et économiques du pays.

Dès son retour d'Irlande, la carrière de Lord Randolph Churchill est lancée. Son parti, celui des Conservateurs, a perdu les élections. Le voici dans l'opposition, fougueux et talentueux. Avec l'extension du droit de vote aux classes populaires, Lord Randolph Churchill saisit sa chance et subjugue littéralement ce nouvel électorat, finalement assez conservateur. L'homme sait parler aux foules et être démagogue. Le noble séduit les prolétaires et permet à son parti de vaincre les Libéraux. À seulement trente ans, il est puissant, populaire et indispensable à son parti. En 1886, il devient chancelier de l'Échiquier (ministre des Finances) et numéro 2 du gouvernement.

Mais il a pris la très mauvaise habitude d'imposer ses choix en menaçant de démissionner. Cette tactique fonctionne, mais l'homme fait de l'ombre et agace.

Un différend avec le ministre de la Guerre au sujet des budgets et Randolph Churchill présente sa démission, une fois de plus, une fois de trop ! À sa grande surprise, elle est acceptée. Il a tout perdu. C'est exilé et isolé qu'il finira sa vie ; il meurt à quarante-six ans d'une longue et terrible maladie qui lui fait perdre sa beauté, sa santé physique et mentale.

Winston Churchill se souviendra de cet événement et se rappellera que pour négocier, il vaut mieux avoir toutes les cartes en main et surtout ne pas bluffer. Les positions extrémistes n'aboutissent qu'en cas de crise majeure, lorsqu'elles deviennent l'unique et ultime solution.

LE MUR ÉMOTIONNEL

Durant toute sa jeunesse, Churchill doit faire face à l'indifférence d'une mère très occupée, rompue aux mondanités mais non à la maternité. Avec son père, c'est pire. Il l'admire alors que celui-ci le méprise. Pour lui, ce fils est un raté sans avenir. Dans cette relation paternelle, Churchill peut au mieux compter sur de l'indifférence. Pour s'affirmer Churchill devait-il tuer ce père terrible et imposant?

Churchill est conscient du poids de son héritage et de la grandeur de ses aïeux. Ce passé, ces liens sont les siens. C'est sur ce socle qu'il doit se construire.

Ses vacances se passent dans le faste de son héritage familial. Le château de Blenheim est démesuré : trois cent vingt pièces et un parc de mille hectares. Entre l'Irlande et Londres, l'enfance de Churchill est, selon ses propres mots, la période « la plus malheureuse, mais aussi la plus misérable et la plus infructueuse de ma vie [...] Ces années furent marquées par le déplaisir, la contrainte, la monotonie et l'absurdité ».

Le système anglais formate les élites. Les enfants contemplatifs ou créatifs ne peuvent y trouver ni réponse ni ouverture intellectuelle ou artistique. Les personnalités ne peuvent s'affirmer qu'à l'âge adulte, mais à ce moment-là, n'est-il pas trop tard?

Churchill fait partie de ces personnalités difficiles à modeler. Quand il a sept ans, ses parents décident de l'envoyer à l'école dans un prestigieux internat. Dès le premier jour, il interpelle son professeur sur des déclinaisons latines apprises par cœur :

« *Mensa* la table au nominatif, *mensa* la table au vocatif, *mensam* la table à l'accusatif, *mensae* la table au génitif, *mensae* la table au datif, *mensa* la table à l'ablatif, récite par cœur le jeune Churchill.

– Bien, répond satisfait son professeur.

– Au fait, qu'est-ce que cela veut dire? se risque Churchill.

– *Mensa*, la table. *Mensa* est un mot représentant la première déclinaison. Il y a cinq déclinaisons. Tu viens d'apprendre le singulier de la première déclinaison.

– Mais, qu'est-ce que cela veut dire?

– *Mensa* signifie "table". *Mensa* signifie aussi "ô table", là c'est du vocatif. "Ô, table", c'est la façon dont on s'adresse à une table ou dont on l'apostrophe. C'est le mode que tu utilises quand tu parles à une table.

– Mais ça n'arrive jamais! lâche le jeune Churchill, au comble de l'étonnement.

– Si tu commences à te montrer insolent, je peux t'assurer que tu seras sévèrement puni. »

Difficile de faire valoir son point de vue dans de telles conditions. Churchill tente de négocier une réponse, entamant un dialogue impossible, le rapport de force entre l'enfant et l'adulte, l'élève et le maître lui est nettement défavorable.

Le petit Churchill refuse d'apprendre et l'enfant est têtu. Nulle négociation, nulle contrainte ne le feront changer d'avis. Aucune parole ni brimade, aucun châtiment corporel, aucun coup ne le brise. En silence, il subit et sa santé s'altère tout comme sa santé psychologique avec le développement d'un léger bégaiement et d'un fort zézaiement.

Au bout de deux ans, ses parents le changent d'établissement, direction Brighton. En 1888, Churchill entre au collège après un examen d'entrée catastrophique. Il est nul en latin, pitoyable en grec et en mathématiques, fantaisiste en anglais. Son maître d'internat note : « Il est si régulier dans son irrégularité que je ne sais vraiment que faire. »

Churchill dira lui-même de cette période scolaire : « À partir du moment où on ne faisait appel ni à mon intérêt, ni à mon entendement, ni à mon imagination, je ne voulais, ni ne pouvais apprendre. » Lui qui, plus tard, deviendra le premier des Anglais devient dès lors un éternel redoublant.

Winston Churchill est pourtant doué, disposant d'une incroyable mémoire. Il lit beaucoup, les journaux et presque toute la bibliothèque de son collège, se passionnant pour la politique, l'histoire et les grandes batailles. Mais il est malheureux. Il supplie ses parents de venir le voir, ce qu'ils feront… En quatre ans d'internat, sa mère viendra six fois, son père une fois, convoqué par le directeur. Il est vrai qu'Harrow est tout de même à une demi-heure de train de Londres…

S'engager dans l'armée, une négociation père-fils

Considérant les difficultés scolaires de son fils, Lord Randolph n'envisage qu'une carrière possible : l'armée. Ce père qui connaît si mal son fils a remarqué son goût pour les défilés militaires et son impressionnante collection de soldats de plomb, mille cinq cents unités.

Lord Randolph oriente donc la négociation et attend le moment propice. Avare en mots et peu curieux, le père rejoint néanmoins son fils alors que ce dernier joue à reconstituer de grandioses batailles. À l'enfant passionné, il demande s'il veut entrer dans l'armée. «Je pensais que ce serait fantastique de commander une armée, alors j'ai dit oui tout de suite.» La cause est entendue, la bonne question au bon moment a suffi à déterminer une future carrière.

Dès lors, Winston Churchill suit une scolarité préparant aux examens militaires. Il se passionne pour le sport: équitation, boxe, natation et escrime. À dix-sept ans, il remporte les championnats d'escrime intercollège et prépare assidûment son entrée à Sandhurst, l'école d'officiers de cavalerie.

Mais il a accumulé tant de retard, notamment en mathématiques et en latin, qu'il échoue à deux reprises. Heureusement, le révérend Welldon a décelé le potentiel du jeune Churchill et convainc le père de persévérer avec une préparation encore plus ciblée. La troisième tentative est finalement la bonne.

Churchill reçoit les félicitations de quelques proches mais aucune lettre de sa mère et une lettre blessante de son père: «En accomplissant le prodigieux exploit d'entrer dans la cavalerie, tu m'as imposé une dépense supplémentaire de quelque 200 livres par an. [...] Si tu ne peux t'empêcher de mener l'existence oisive, vaine et inutile qui a été la tienne pendant ta scolarité et au cours des derniers mois, tu deviendras un simple rebut de la société, l'un de ces innombrables ratés qui sortent des *public schools*, et tu t'avachiras dans une existence minable, malheureuse et futile.» Quel manque de discernement!

Churchill entre donc au Royal Military College de Sandhurst. Il se passionne pour cette nouvelle formation, pratique, concrète et physique. Il se révèle être un excellent cavalier et les matières fondamentales, tactique, fortification, topographie, droit et administration militaires ne le rebutent plus. Au premier examen, il est l'un des meilleurs de sa promotion.

Churchill commence à briller tandis que son père décline inexorablement avant de mourir le 24 janvier 1895. Libéré de l'ingérence paternelle, Churchill rejoint le 4e hussard à Aldershot où il est nommé sous-lieutenant. Plein d'ardeur, il part en opérations militaires et y excelle. Via la discipline militaire, il s'accomplit alors qu'il a été rebelle à la discipline scolaire.

Mais Churchill veut sa revanche. Il cherche la gloire, cette gloire militaire qui lui donnerait le prestige nécessaire pour entrer en politique. Pour l'heure, il ne fait que parader. Une rébellion à Cuba, colonie espagnole, est pour lui une occasion à saisir. Il fait jouer ses relations et assure sa promotion et sa subsistance grâce à un contrat de journaliste avec le *Daily Graphic*. Dans la jungle humide et hostile, l'expédition espagnole se révèle dangereuse ce qui enthousiasme l'aventurier Churchill.

Toutefois en tant que correspondant de guerre, sa situation est ambivalente. Il doit négocier avec lui-même car s'il prend parti pour les Espagnols, il mécontentera ses lecteurs anglais et américains favorables à la rébellion. Mais il ne peut mécontenter ses hôtes dont la discipline et le courage le fascinent. Il évoque donc les risques et les compromis nécessaires pour stabiliser Cuba.

De retour en Angleterre, le régiment de Churchill doit partir aux Indes pour neuf ans. Une éternité plus propice à l'oubli qu'à la gloire. Aidé par sa mère, Churchill tente de trouver d'autres opérations, plus risquées, plus prestigieuses et plus courtes. Peine perdue, il faut suivre les ordres, être raisonnable et discipliné.

Si l'exil indien à Bangalore est doré et confortable, il ne contribue pas à la future carrière de l'ambitieux Churchill : pas de gloire, pas de réseau. Il met à profit ce temps pour lire et se cultiver : histoire, politique, économie, philosophie…

De retour en Angleterre lors d'une longue permission, Churchill trouve enfin une guerre à sa mesure à la frontière nord-ouest de l'Inde. L'expédition britannique est commandée par un ami de la famille; son incorporation n'est donc qu'une pure formalité. Il s'engage dans tous les combats, méprisant le danger. Sur le terrain, il plaît à ses soldats et à ses officiers, mais à l'arrière, le correspondant de guerre du prestigieux *Daily Telegraph* irrite. Ce sous-officier de vingt-trois ans critique l'administration et la logistique militaires.

Il est rappelé à Bangalore. La gloire, il peut l'obtenir non plus par l'épée, mais par la plume. Il écrit un livre sur l'opération militaire à laquelle il a participé, le premier d'une longue série: *The Story of the Malakand Field Force* en 1898 qui connaît un beau succès.

Une nouvelle campagne militaire se profile au Soudan et Churchill doit entamer sa première et difficile négociation avec le commandant en chef, Lord Kitchener. Mais ce dernier n'a guère apprécié les critiques du journaliste et de l'écrivain envers l'armée. Dans une première phase, la mère de Churchill joue de ses réseaux pour appuyer la demande d'incorporation de son fils: Evelyn Wood (chef de l'état-major général), le colonel Brabazon, le général Bindon Blood et même son Altesse royale. Mais Lord Kitchener refuse, il n'y a pas de place pour Winston Churchill… Plus tard, peut-être…

Churchill s'implique directement et demande à Lord Salisbury, qui n'est autre que le Premier ministre et le ministre des Affaires étrangères, d'intercéder. La présence de Churchill est finalement imposée et il rejoint l'expédition.

Avant de partir, il signe un nouveau contrat en tant que journaliste. Les combats sont importants, sanglants et glorieux: le désert, les charges de cavalerie, l'odeur de la poudre et le choc des lames… Churchill croise à plusieurs reprises la mort et s'illustre encore par son courage.

Il n'oublie pas d'écrire quelques articles sensationnels, exaltant mais également décrivant la réalité d'un conflit guerrier: mauvais traitements, mutilations, profanations, pas seulement de l'ennemi mais aussi des Britanniques. Tout cela fait une bien mauvaise publicité à Lord Kitchener qui missionne Churchill pour ramener au Caire un troupeau de chameaux malades. L'aventure s'achève ainsi et Churchill, après une courte escapade indienne, quitte l'armée à vingt-quatre ans. Il se présente rapidement au Parlement, il est battu sèchement et largement.

Churchill rebondit et tente à nouveau sa chance, direction une nouvelle guerre, en Afrique du Sud mais seulement en tant que correspondant de guerre du *Morning Post*. Il a d'ailleurs négocié un salaire conséquent. Lorsqu'il débarque au Cap, la situation militaire des Anglais est mauvaise, obligés de se replier face aux Boers. Churchill accompagne une mission de reconnaissance et son train blindé est attaqué. Ex-officier, le journaliste prend la direction des opérations et sauve héroïquement ses compagnons. Il est cependant fait prisonnier et s'évade, faisant ainsi la une des journaux anglais.

Du jour au lendemain, Churchill devient célèbre et populaire. Son aventure vient idéalement remonter le moral de la nation confrontée à une guerre si mal engagée. Il reprend du service et devient lieutenant au South African Light Horse. «Avec toute l'inconscience de la jeunesse, je recherchais chaque miette d'aventure, chaque expérience et tout ce qui pouvait faire un bon article», écrira-t-il. La gloire acquise après trois guerres et cinq livres, il est élu au Parlement.

Churchill a tout fait pour créer une situation propice au lancement de sa carrière politique. Malgré les contrariétés, les brimades, les difficultés, il a lutté, tirant parti au maximum de ce qu'il est profondément, un audacieux et un battant.

LES BONS CONSEILS DE CHURCHILL...
pour tirer parti de ce que l'on est

- Transformez les contraintes initiales, voire vos blessures, en moteurs de motivations personnelles et durables. Le père de Churchill a toujours considéré que son fils était incapable de mener sa vie et de réussir. Il a tout fait pour diriger son existence, en brimant toute forme d'initiative et de créativité. Il est vrai qu'être un Churchill n'est déjà pas facile au regard des actions de ses aïeux, mais en plus il est le fils d'un homme brillant, devenu numéro 2 du gouvernement britannique. La pression pour réussir était tellement forte qu'elle risquait de briser le jeune Churchill. Mais il s'en est néanmoins affranchi, transformant ce qui aurait pu être une fatalité en un formidable levier pour une réussite future.

- Faites comme Churchill et apprenez à sortir du cadre pour entraîner votre cerveau à être confronté à quelque chose de nouveau, d'inconnu. En d'autres termes, face à la routine d'un cadre trop strict (l'aristocratie et le collège), Churchill va prendre le contre-pied de ce qu'on attend de lui. Là où d'autres seront en difficulté, voire en stress, lui mobilisera ses ressources imaginatives pour préparer des solutions et des idées dans le cadre très mouvant d'une négociation.

- Utilisez vos imperfections comme levier de compréhension et d'intuition des situations. Le caractère impulsif de Churchill est la cause de la rupture avec sa famille, ses professeurs et ses supérieurs militaires. Il les contredit brutalement et effrontément. Pourtant, ce choix de l'affrontement peut se révéler un formidable atout pour dénicher des personnalités et des idées originales.

- Soyez concentré sur vos points forts et essayez de vous appuyer sur ce que vous connaissez de vous, c'est-à-dire vos atouts et vos limites et la façon de les contourner. Churchill pratique l'introspection le soir, après 18 heures de travail, et prend le temps de réfléchir aux décisions prises et à son attitude.

- Affirmez votre crédibilité en liant la parole et les actes. Churchill est un homme d'action qui s'engage souvent personnellement. Il est réputé avoir une forte éthique. Cette notoriété assure les engagements qu'il prend et rassure ses interlocuteurs.

À vous...

Vous avez pris connaissance des conseils de Churchill.

Notez les deux « pépites » (idées, actions, ressentis que vous gardez précieusement pour vous, à transposer dans votre vie quotidienne professionnelle ou personnelle) venant directement de l'expérience de Churchill.

Pépite n° 1 :

....
....
....
....
....
....
....
....

Pépite n° 2 :

....
....
....
....
....
....
....
....

L'APPRENTISSAGE : LE NÉGOCIATEUR TRUBLION ET PERSUASIF

> « À moins que M. Churchill ne soit réduit au silence, il l'emporte toujours en livrant une "guerre d'usure" dialectique ; il lasse ses adversaires par ses incessantes offensives verbales, par l'intensité de ses convictions, par la versatilité de ses arguments. C'est qu'il connaît ses dossiers comme il connaît ses discours – par cœur et à la lettre. »
>
> A. G. Gardiner, journaliste.

Nous sommes en 1900 et Churchill est arrivé dans l'antichambre du pouvoir, porté par la recherche d'un destin exceptionnel et le dépassement de la désapprobation paternelle. Pour lui c'est une étape de plus. Il semble mûrir son ambition d'année en année. Il a déjà parcouru l'empire britannique et semble toujours avide de nouvelles expériences. Il se révèle un député actif autant qu'un homme de dossier et un orateur brillant. Le jeune politicien se rend rapidement indispensable sur l'échiquier anglais.

- Comment s'y prend-il pour se hisser jusqu'au pouvoir ?
- Durant ces années, que va-t-il apprendre d'utile pour sa future carrière de négociateur ?
- Comment va-t-il affirmer et affiner ses talents de persuasion ?

Un touche-à-tout qui affirme sa force de persuasion

Churchill a toujours à cœur de se dépasser et de se confronter à l'inconnu. Il multiplie donc les expériences professionnelles. Il serait presque opportun de parler d'expérimentations, tant l'homme va habilement naviguer à vue dans un milieu qui ne lui est pas encore familier.

Ce fils de l'aristocratie anglaise commence par se tourner vers sa «famille naturelle»: la majorité conservatrice au pouvoir. Ses opinions personnelles vont rapidement prendre le dessus, l'amenant à contester certaines décisions. Il se rapproche peu à peu du petit cercle des «Hughligans», nouvelle génération plus progressiste d'un parti essentiellement traditionnel.

Churchill sent vite qu'il atteint les limites de ses possibilités d'action. Plutôt que de patienter ou de ménager les susceptibilités en attendant que les conservateurs évoluent sur les questions sociales, Churchill change de camp! Il ne s'encombre pas d'une stratégie à long terme, au contraire, il réalise le plus rapidement possible des «coups d'éclats» et des «coups de maître».

Le transfuge fascine les médias: quel coup osé! Ses anciens alliés ne parviennent pas à déstabiliser cet homme qui se fait de plus en plus éloquent à la tribune. Finalement, il fait un excellent investissement politique puisque son nouveau parti sort largement vainqueur des élections de 1906. À trente-deux ans, il est nommé vice-ministre des Colonies ce qui lui permet de poser un premier pied dans les plus hautes sphères de l'État.

Son habit ministériel se révèle bientôt trop étroit: c'est à cause de son désir de réforme qu'il a changé de camp, c'est grâce à celui-ci qu'il poursuivra sa carrière! Churchill est nommé ministre du Commerce. Il désire fixer des «normes minimum d'existence et de travail». Avec Lloyd George aux Finances, ils bouleversent la législation du travail: journée de huit heures, salaire minimum, allocations familiales pour les ménages les plus défavorisés, préparation des lois sur l'assurance maladie, le chômage et les retraites.

Avec de telles mesures «révolutionnaires» pour l'époque, l'opposition avec la Chambre des Lords est frontale; celle-ci vote contre le budget. Sans consensus, le Parlement est dissous et de nouvelles élections permettent à Churchill de s'illustrer. La victoire lui amène un nouveau portefeuille encore plus prestigieux: l'Intérieur.

Dans ce jeu politique, Churchill révèle ses premiers atouts:

- Sa vision n'est pas manichéenne. Son changement de camp politique, véritable blasphème, lui permet non seulement d'être médiatique, mais encore de faire progresser sa carrière.
- Ses idées sont sa boussole: il redessine sa route au fur et à mesure de sa progression, n'hésitant pas à agir face à l'inconnu.
- Créatif, il n'hésite pas à proposer des idées nouvelles mais également les solutions qui lui permettent de les réaliser! Son secrétaire au ministère de l'Intérieur note dans ses souvenirs: «Une fois par semaine, et parfois davantage, M. Churchill arrivait au bureau avec quelques projets aussi audacieux qu'irréalisables. Mais après une demi-heure de discussion, nous avions élaboré quelque chose qui restait audacieux, tout en n'étant plus irréalisable.»

Le poste de ministre de l'Intérieur est risqué pour Churchill: il est placé en première ligne lors des conflits sociaux. Il ne peut alors rester un simple médiateur. Il a des contraintes et doit maintenir l'ordre.

Depuis plus de trente ans, les femmes anglaises demandent le droit de vote. Le mouvement s'est radicalisé, ces femmes considérant qu'elles n'ont pas à respecter des lois conçues sans elles. Elles décident de lancer des opérations provocatrices, crachant sur les policiers ou s'attaquant à tous les représentants du pouvoir. Leur objectif est de se faire emprisonner pour faire parler de leurs revendications. Le mouvement gagne en popularité, allant jusqu'à rassembler cinq cent mille personnes à Hyde Park!

À l'Intérieur, Churchill est en première ligne face à ces femmes qui s'attaquent aux institutions, symboles du pouvoir masculin : des vitrines sont brisées, des boîtes aux lettres incendiées, une église et un golf partent en fumée. L'opinion publique est touchée par le destin tragique de l'une d'entre elles qui meurt piétinée en tentant d'intercepter le cheval du roi lors d'un *derby*.

Churchill doit négocier face à une action qui se radicalise. Il tente de se montrer séducteur, prévenant, voire sensible à leur revendication. Il accepte le dialogue et la discussion, accède à leur demande, temporise. Il propose finalement un référendum mais l'idée est désavouée par son camp.

Le ministre de l'Intérieur dialogue certes, mais se montre intraitable face aux désordres. En 1912, il ordonne aux policiers de réprimer une marche des mouvements féministes : cent trente femmes portent plainte contre les agents de la force publique. Son action est jugée trop dure pour la gauche et trop laxiste pour la droite.

Ce conflit ouvert avec les suffragettes est un excellent apprentissage pour le négociateur qu'est Churchill :
- Il utilise tour à tour plusieurs registres de la négociation : empathie, arguments, dialogue, pression.
- Il présente l'ensemble des difficultés pour octroyer le droit de vote aux femmes pour temporiser et maintenir l'ordre, mission placée sous sa responsabilité.
- Il comprend que toute violence réitérée rend obligatoire la négociation et l'obtention d'un consensus pour ramener les parties à la raison. L'utilisation de la force n'est qu'un palliatif temporaire et transitoire.

Dans ce conflit ouvert avec les suffragettes, Churchill ébauche des solutions sans réussir à les imposer. Ce n'est qu'en 1918 que les femmes anglaises obtiennent le droit de vote, certes de manière limitée, mais bien en avance sur la France qui attendra 1944.

Churchill a maintenant la réputation d'un homme sans peur devant l'inconnu, capable d'impulser un changement et de réformer. Il se mêle d'ailleurs en permanence des affaires de ses collègues, leur prodiguant conseils et injonctions. Alors que monte le péril d'une future guerre avec l'Allemagne, Churchill est nommé Premier lord de l'Amirauté.

L'ÉCHEC DES DARDANELLES

Le poste de Premier lord de l'Amirauté (ministre de la Marine) est en Angleterre un poste stratégique. Churchill commande la première flotte navale mondiale mais ne dispose pas d'une légitimité suffisante. Jugé trop jeune et inexpérimenté, il est continuellement attaqué.

D'une part, sur le plan international, il tente, de manière infructueuse, de suspendre avec l'Allemagne la course aux armements maritimes; d'autre part, sur le plan national, il doit négocier de grandes réformes militaires et obtenir des hausses budgétaires pour son ministère.

Son «illégitimité» semble donner des ailes à Churchill, qui se montre débordant d'énergie. Il met sur pied une stratégie d'alliance surprenante: rappelant son prédécesseur comme conseiller personnel, il renforce l'assise théorique et technique de ses projets, ajoutant sa capacité à convaincre ses opposants.

Il s'impose comme un habile manieur de métaphores: «Une bataille entre grands cuirassés modernes [...] ressemble à un combat entre deux coquilles d'œuf qui se frapperaient avec des marteaux. D'où l'importance de frapper le premier, de frapper le plus fort et de continuer à frapper.» La formule marque les esprits par sa clarté et lui permet d'obtenir une première rallonge budgétaire.

Comme il a compris que la guerre avec l'Allemagne était inévitable, il l'anticipe et la prépare en faisant installer dans son bureau une carte de la mer du Nord sur laquelle il fait quotidiennement placer tous les vaisseaux allemands. Pourtant, il n'exclut pas de trouver des solutions diplomatiques. Il prépare deux stratégies bien distinctes: l'une défensive, l'autre ouverte au consensus.

Plutôt qu'une négociation frontale, il essaie de toucher de manière sensible des acteurs périphériques du conflit potentiel. Il reçoit le chef de la production navale allemande afin de lui faire part de son émotion. Certainement sincère, capable de s'adapter, faisant confiance à son instinct et enclin à jouer toutes ses cartes, c'est « presque les larmes aux yeux » qu'il fait part de son désir d'éviter la guerre.

La tentative est vaine. À trente-neuf ans et avec, sous sa direction, la première flotte mondiale récemment modernisée et restructurée, Churchill s'engage dans la Première Guerre mondiale avec toute son énergie, sa créativité et son intuition.

Il doit en priorité négocier et travailler avec quelqu'un qu'il ne connaît que trop bien, son ancien officier supérieur au Soudan promu ministre de la Guerre, Lord Kitchener. Étonnamment, les rapports autrefois tendus entre les deux hommes n'affectent aucunement leur relation. L'un comme l'autre sont capables d'afficher une collaboration cordiale, empreinte de raison.

La flotte anglaise n'est pas d'une grande utilité dans une guerre essentiellement terrestre et la campagne d'août 1914 est désastreuse pour les troupes franco-britanniques. Fidèle à lui-même, Churchill tente un premier coup d'éclat pour faire bouger les lignes. Il part pour Anvers assiégé, demande à prendre le commandement du front et réclame des renforts conséquents. Anvers doit devenir une tête de pont pour les soldats britanniques, gage d'une future victoire. Pour les flegmatiques Britanniques, c'est extravagant et fantasque. Churchill n'obtient rien et doit retourner en Angleterre. Anvers est perdu et les Allemands poursuivent leur avancée avant d'être contrés. Le front occidental se stabilise pour plusieurs années.

Churchill est partisan d'une opération maritime périphérique et propose un débarquement dans le détroit des Dardanelles. En joueur d'échecs, il cherche le contournement : il veut éliminer le maillon faible de l'alliance ennemie, la Turquie, prendre à revers l'Allemagne et l'Autriche-Hongrie et rouvrir les liaisons maritimes avec les ports russes de la mer Noire. Mais quelle posture va-t-il choisir pour négocier ?

Le Premier lord de l'Amirauté peut compter sur le soutien de Lloyd George, chancelier de l'Échiquier, Kitchener, ministre britannique de la Guerre et Raymond Poincaré, président de la République française. Mais il se heurte aux décideurs militaires : le maréchal britannique John French et le général Joffre. Ces derniers refusent que l'on dégarnisse leurs forces sur le front occidental pour une telle aventure. Ils restent convaincus qu'une victoire est possible d'ici quelques jours, puis quelques semaines, puis quelques mois...

Churchill doit négocier pour mener son projet car une telle opération doit obtenir tous les accords. Les Alliés tergiversent, changent d'avis, demandent des informations complémentaires... et Churchill perd un temps précieux.

Le 19 février 1915, lorsque les navires alliés arrivent au large de la Turquie, les côtes ont été fortifiées notamment avec le concours de conseillers allemands. Les bombardements sont inefficaces, les débarquements contrés. Lord Fisher veut sauver à tout prix la flotte contre Churchill qui veut de nouvelles offensives en engageant toutes les réserves. Une négociation est entamée entre deux hommes aux caractères similaires qui ont collaboré étroitement à tous les projets depuis plus de six mois.

Ces deux hommes se ressemblent : fiers et obstinés. Ils sont convaincus de la justesse de leur choix stratégique. Ils s'apprécient et tentent chacun de faire fléchir l'autre. Sans résultat : la négociation est rompue. Le 15 mai, Fisher remet sa démission et en informe le gouvernement conscient de la crise gouvernementale à venir.

Churchill devient le fusible, sacrifié sur l'autel de la politique et de la coalition gouvernementale. Pour lui, sa carrière est brisée. Il est un homme fini. L'opération des Dardanelles est un échec total. Il n'a pas réussi à sortir les hommes de leur inertie, d'espoirs vains et de chimères. L'échec est à la hauteur de l'enjeu. Churchill n'a pas réussi à prendre la main :

- Dans les situations complexes, être indécis est le pire constat. Il faut toujours afficher sa détermination, garder le cap, essayer de faire bouger les lignes.
- Une négociation même si elle est bien menée nécessite du temps. À mesure que celui-ci s'écoule, les données se modifient. Il faut donc pouvoir réajuster son plan et ses exigences et ne pas s'obstiner sur ses demandes initiales.

- La négociation est un consensus qui doit être entériné et défendu par toutes les parties prenantes. Churchill a obtenu successivement les différentes approbations mais a été incapable de revoir ses plans, sans doute trop soucieux de rattraper le temps perdu.

Être et se rendre indispensable

Churchill se retire. Après quelques semaines à peindre, il reprend le goût de l'aventure. Il veut être au front, redevenir un officier actif. L'ancien ministre devient lieutenant-colonel sur le front des Flandres. Il se ravise et pense avoir plus d'influence sur l'issue de la guerre à Londres en tant que politique que dans les Flandres en tant que militaire. Il réintègre le Parlement et lance de nouvelles idées sur la conduite de la guerre.

Dans une situation de crise, l'énergique Churchill se révèle indispensable et occupe des postes ministériels prestigieux : Armement, Guerre et Aviation et Colonies. À l'Armement, il dispose d'un outil de négociation puissant et donc d'influence. S'opposer frontalement, c'est risquer de ne pas recevoir en temps et heure le ravitaillement ou les équipements indispensables.

Churchill peut également rayonner sur la scène internationale notamment le 18 novembre 1917 où, suite à la défaite italienne de Caporetto, il doit négocier avec ses homologues alliés le réarmement des troupes italiennes. Il apprend à attendre le moment propice, à cerner ses interlocuteurs et à présenter ses arguments. Ces négociations souvent bilatérales sont pour lui un formidable apprentissage pour affiner ses talents.

L'homme est un roc, capable de calmer les décideurs dans les moments les plus tendus. Comment? Churchill utilise des images simples et explicites. Le 24 mars 1918, alors que les Allemands ont enfoncé les défenses anglaises, Lloyd George s'exclame : «Si nous avons été incapables de tenir la ligne que nous avions soigneusement fortifiée, comment serions-nous en mesure de tenir des positions plus reculées, avec des troupes déjà vaincues?»

Churchill répond posément: «Toute offensive perd de sa force au fur et à mesure de sa progression. C'est comme lorsqu'on répand un seau d'eau sur le sol: l'eau commence par se précipiter en avant, puis elle progresse en imbibant le sol, et elle finit par s'arrêter complètement jusqu'à ce qu'on apporte un autre seau d'eau.»

D'instinct, Churchill cerne les personnalités et utilise les arguments adéquats. Il sait convaincre tant par sa posture, son charisme que par des arguments rationnels ou imagés. En fait, il s'adapte continuellement à ses interlocuteurs.

En 1918, alors que les combats se poursuivent en France, les ouvriers anglais des usines d'armement se mettent en grève. Dans un premier temps, Churchill tente de négocier mais le conflit s'étend. Plutôt que de tenter une négociation frontale dont il a déjà pu percevoir les dangers, il fait annoncer par la presse que tous les ouvriers qui ne retourneront pas au travail dans les plus brefs délais auront le privilège de servir la patrie sur les fronts de France et d'être payés comme les soldats, c'est-à-dire moins. La grève s'effondre et la production reprend.

Avec cette «crise» de courte durée, Churchill montre sa faculté à s'adapter en combinant les problèmes: plusieurs idées différentes liées entre elles peuvent ainsi donner naissance à une solution inattendue et plus efficace, notamment grâce à l'effet de surprise qu'elle provoque.

Churchill est brimé, placé sous étroite surveillance et toutes ses décisions doivent être validées par Lloyd George. Avec patience, il doit argumenter, négocier et justifier toutes ses actions. Il réussit parfois à faire valoir ses points de vue mais échoue souvent à faire pencher la balance en sa faveur. Il apprend la patience du négociateur et réussit à marquer le conflit par son action. Son rôle dans l'approvisionnement des armées, tant anglaises que françaises, italiennes qu'américaines, est décisif dans ce conflit finalement plus logistique que stratégique.

Avec la paix, Churchill reçoit un nouveau ministère, celui de la Guerre! Une nouvelle brimade? Il négocie son transfert en faisant ajouter à ses prérogatives celles de l'Air dont il perçoit tout le potentiel.

Après la guerre, l'activité militaire reste intense et Churchill doit négocier la démobilisation massive des soldats, les coupes budgétaires et le maintien d'une force active d'un million d'hommes. Pourquoi? Pour contrer un nouveau risque de guerre, celui que fait peser le danger bolchevique. Pour Churchill, la cause est entendue, il faut soutenir l'opposition à la révolution russe qui court depuis deux ans.

S'appliquant à convaincre ses interlocuteurs du bien-fondé de cette idée, il s'aperçoit que leur champ de vision est restreint. Plus personne en Europe ne veut entendre parler de guerre. Le Vieux Continent, saigné à blanc, n'est pas ouvert à la *Realpolitik*.

Avec un temps d'avance, seul contre tous, Churchill n'est pas en position de faire pencher les décisions en sa faveur. Le Premier ministre se prononce contre lui. De toute façon, en Russie, les bolcheviques ont déjà gagné.

Versailles : « La folie des vainqueurs »

Les grandes négociations de Versailles sont pour Churchill une excellente occasion de tester son esprit critique, d'autant qu'il a tout loisir de les regarder à distance : il n'y a pas sa place. Il intitule dans ses mémoires, cette négociation tragique «La folie des vainqueurs» et en analyse toutes les erreurs.

Seuls les alliés sont présents, les Allemands ayant été écartés de l'élaboration du traité final. Les vainqueurs meurtris réclament non pas une réparation, mais la vengeance. Dès le début des négociations, aucun consensus n'est possible, tous veulent faire passer en force leurs revendications.

La Grande Guerre a exacerbé les passions. Les peuples ont souffert et les opinions publiques respectives influencent les décideurs, soumis au jugement des urnes. Churchill décrit l'atmosphère explosive des négociations : «Les chefs de guerre réunis à Paris au cours de l'été 1919 y avaient été portés par les courants les plus forts et les plus furieux qui aient jamais coulé dans l'histoire de l'humanité. L'époque des traités d'Utrecht et de Vienne était bien révolue, où des hommes d'État et des diplomates distingués, qu'ils soient vainqueurs ou vaincus, se réunissaient pour débattre courtoisement et refaire le monde sur des bases consensuelles, loin du vacarme de la démocratie. »

Les enjeux du traité de Versailles sont colossaux ! Les alliés doivent appliquer le droit des « peuples » (Pologne, Autriche-Hongrie, Alsace-Lorraine…), créer de nouvelles frontières, reconstruire et permettre le redémarrage économique, régler les problèmes coloniaux des pays vaincus, aborder le cas russe et tenir compte des exigences américaines (liberté du commerce, réduction des armements et création de la SDN).

Bien que cette conférence réunisse officiellement vingt-sept États, les travaux sont dominés par un conseil de quatre membres : Georges Clemenceau pour la France, David Lloyd George pour le Royaume-Uni, Vittorio Emanuele Orlando pour l'Italie et Woodrow Wilson pour les États-Unis. L'ambiance est tellement tendue que le président américain opte pour la posture de médiateur plus que de négociateur : il va fixer les ordres du jour et arbitrer.

Les alliés se divisent sur leurs exigences. Irascible, Poincaré entrave si souvent les négociations que son allié britannique, David Lloyd George, s'en offusque. Alors que l'Angleterre avait d'importantes exigences, elle minore rapidement ses prétentions. Pour sa part, Woodrow Wilson fait tout pour modérer les exigences de Clemenceau et les Français se sentent finalement trahis par leurs alliés.

Le traité de Versailles aboutit à une démilitarisation de l'Allemagne, à l'indépendance de l'Autriche, de la Tchécoslovaquie et de la Pologne et à la restitution de l'Alsace-Lorraine à la France. Si ces clauses territoriales restent raisonnables, les clauses économiques sont « si aberrantes qu'elles en devenaient futiles ». Déclarée seule responsable du conflit, l'Allemagne doit payer. Comment ? Qu'importe !

Une idée retient néanmoins l'intérêt de Churchill. C'est celle de la Société des Nations. Il se désole d'ailleurs du peu d'enthousiasme affiché par les dirigeants anglais pour ce projet. Comble de l'absurdité, le traité de Versailles largement négocié par Wilson n'est pas ratifié par le Congrès américain. Les Américains renouent avec l'isolationnisme et ne participeront pas à la SDN, créée par quarante-six pays en 1919. Pourtant, cette organisation aurait bien mérité un meilleur soutien : l'une de ces missions fondamentales n'est-elle pas d'abolir la diplomatie secrète et de résoudre tous les conflits par le recours à l'arbitrage ?

Sans bras armé, sans force coercitive, cette institution, ancêtre de l'ONU, sera incapable d'afficher une quelconque volonté supranationale. Elle est impuissante pour régler l'invasion de la Ruhr par la France (1923), la conquête de la Mandchourie par le Japon (1931), l'invasion italienne en Abyssinie (1935), la guerre civile espagnole (1936), le réarmement massif de l'Allemagne…

Finalement dans cette grande négociation internationale, Churchill relève huit erreurs majeures qu'un bon négociateur doit éviter :

- *Utiliser le rapport de force comme base de négociation pour faire accepter ses revendications.* La France part du principe que ses alliés anglais, italiens et américains vont accepter toutes ses revendications. C'est elle qui a subi le plus de dommages, c'est chez elle que se tiennent les négociations. Elle dispose, dans son rapport de force, de l'armée la plus puissante de l'époque. Or ce n'est pas gagné. Bien au contraire ! Ses propres alliés se méfient de cette France largement militariste qui peut dominer le continent. Ils veulent des négociations ouvertes et équitables.
- *Se concentrer sur ses propres intérêts et perdre de vue l'enjeu global.* Pour son entrée en guerre, l'Italie a signé un traité secret avec l'Angleterre et la France le 26 avril 1915. Elle a eu la promesse d'importants gains territoriaux et elle ne vient à Versailles que pour les obtenir. Mais ce droit de conquête a soulevé l'indignation de l'opinion publique américaine. L'Italie n'obtient que quelques concessions, elle sera insatisfaite du traité final.
- *Négliger les entretiens préalables.* Certes un conseil supérieur des Alliés est créé dès le début de la confé-

rence, gage de rapidité et d'efficacité. En réalité, il n'y a guère d'entretiens préalables ou de réunions bilatérales : aucune relation personnelle n'est nouée. Tout ceci impose un trop fort protocole et trop de formalisme.
- *Instaurer un mauvais rythme dans les négociations.* Les quatre chefs d'État et de gouvernements ont de nombreuses obligations et doivent s'absenter pour diverses raisons dans leur pays. Tout ceci occasionne des ralentissements et une organisation bien trop lourde, lente et inefficace. Alors que la conférence de Yalta (1945) va durer neuf jours, la conférence de la Paix débute le 18 janvier 1919 pour se terminer en août 1920.
- *Exprimer des demandes déconnectées des réalités.* Les Alliés ont estimé leurs dommages de guerre à 225 milliards de marks-or et l'Allemagne est finalement condamnée à payer 132 milliards, soit la totalité des dommages. L'Allemagne doit payer tous les ans, 2 milliards de marks-or en réparations (soit 740 tonnes d'or). En 1921, c'est 41 % de son budget. Mais l'Allemagne est endettée, son économie est ruinée. Elle est donc incapable de payer : les économistes le savent mais les politiques refusent de l'entendre.
- *Négocier ce qui n'est pas négociable.* Le président américain veut l'application stricte de ses fameux « Quatorze points », présentés le 8 janvier 1918 devant le Congrès. Ce discours avait été écrit sans coordination avec les alliés européens et sans consultation préalable. C'est un idéal, inapplicable… L'autodétermination des peuples est impossible, voire dangereuse dans des territoires fractionnés tels que la Yougoslavie ou la Tchécoslovaquie. Ces principes menacent, en outre, les empires coloniaux de la France ou de l'Angleterre.
- *User et abuser de sa force par un bras de fer continuel.* Le côté caractériel et irascible de Poincaré énerve profondément ses interlocuteurs. À plusieurs reprises, le président américain et le Premier ministre italien, guère entendus, menacent de quitter les négociations (ce dernier le fera effectivement, mais provisoirement,

en mai 1919). Un tel chantage est régulièrement utilisé par l'ensemble des protagonistes.
- *Écarter délibérément un ou plusieurs acteurs des négociations.* L'Allemagne a été délibérément écartée d'où le terme de *diktat* (dictée) pour qualifier les réparations qui lui sont imposées. Ce n'est cependant pas le seul problème, car l'URSS non plus n'est pas présente, contrairement à des pays bien secondaires dans l'échiquier européen : Pérou, Panama, Nicaragua... Certes, l'URSS avait signé un traité avec l'Allemagne (Brest-Litovsk, 3 mars 1918) et est alors en pleine révolution bolchevique. Mais les résolutions prises à Versailles vont l'engager indirectement et ne pas l'obliger à en respecter les clauses.

Churchill qui sort de quatre années d'action a tout le loisir d'observer ici ce que des comportements inadaptés peuvent produire de pire dans une négociation. Dans ses mémoires, il note que pour aboutir à une paix durable, il aurait fallu que les négociateurs aient du « bon sens » et de la « sagesse », bref qu'ils soient prêts à la discussion et aux compromis.

NÉGOCIER L'IMPOSSIBLE

En réintégrant le poste de ministre des Colonies en 1921, Churchill se retrouve de nouveau et de plain-pied dans les négociations internationales ; des dossiers brûlants l'attendent.

En période de crise, les négociations sont souvent des marchés de dupes, gagnés grâce à des promesses qu'on espère ne jamais tenir. L'objectif n'est-il pas d'obtenir le plus rapidement possible une adhésion ou une concession ? Encore faut-il à un moment ou un autre tenir ses promesses pour rester crédible, sinon comment négocier dans le futur avec un partenaire ainsi floué ? Churchill doit pour sa part démêler l'écheveau inextricable des promesses intenables faites au sujet de la Palestine. En effet, pour vaincre l'Empire ottoman, les Anglais ont promis aux Arabes leur indépendance. Ces derniers se sont révoltés, conduits par le célèbre et romanesque colonel T. E. Lawrence, Lawrence d'Arabie. L'Arabie et ses territoires ont également été promis à la France et aux juifs avec la création d'un État indépendant en Palestine. Les Anglais ont ainsi promis à leurs trois alliés le même territoire.

Churchill doit gérer les antagonismes, colonialistes contre indépendantistes, juifs *versus* Arabes. Habilement, par le dialogue et les échanges, il explique les difficultés de mise en application de chacune des promesses. Rompu aux habitudes politiques anglaises qui veulent qu'un ministre passe de ministère en ministère, Churchill adopte une attitude détachée mais bienveillante : il favorise les discussions et joue les médiateurs. Au moins, cette situation inextricable n'empire pas.

Une autre grande phase de négociation menée durant ces années par Churchill est celle de l'indépendance de l'Irlande. À la fin de l'année 1918, les élus irlandais ont refusé de siéger au Parlement, à Londres. Ils ont convoqué une assemblée constituante et proclamé unilatéralement l'indépendance de l'Irlande du Sud. Un président a été nommé alors même qu'il est détenu dans une prison anglaise. Pour appuyer les revendications et semer la terreur, une organisation secrète et militaire voit le jour : la redoutable Irish Republican Army (IRA).

Au cours de cette confrontation, Churchill montre deux faces de sa personnalité : l'homme d'État d'une part, qui joue la carte de la fermeté et de la répression ; le collaborateur impliqué d'autre part, qui fait basculer par un face-à-face le ton des négociations. Churchill envoie d'abord quarante-trois mille soldats, les « Black and Tans » chargés de « terroriser les terroristes ». Le bras de fer commence et la situation dégénère. Des tentatives de négociations sont certes menées mais les représentants des deux bords campent sur leur position.

Il faut absolument aboutir à la paix et le 11 octobre 1921, une nouvelle phase de négociation débute. Deux mois se révèlent nécessaires tant les divergences sont grandes. Les délégués irlandais ont pour instruction de camper sur leurs positions et le gouvernement britannique ne peut accepter que des concessions mineures pour conserver le soutien de l'Irlande du Nord. Les négociateurs n'ont donc aucune marge de manœuvre.

Dans cette négociation impossible, Churchill choisit sa stratégie, celle de la proximité. Il s'occupe du plus virulent, Michael Collins, principal chef de l'IRA. Les négociations sont arrosées mais les tensions montent : « Vous m'avez pourchassé jour et nuit ! Vous avez mis ma tête à prix, s'exclame Michael Collins.

– Un instant rétorque Churchill, vous n'êtes pas le seul. » Il décroche alors du mur de son bureau l'avis de récompense émis par les Boers pour sa capture en Afrique du Sud et reprend : « Pour votre tête au moins, on avait mis un bon prix : 5 000 livres. Et moi, regardez combien je valais : 25 livres seulement, mort ou vif. »

À l'inverse de la négociation versaillaise, Churchill a mis ici l'humain au centre de la discussion. Il utilise l'humour et crée une forte proximité avec son interlocuteur, faisant finalement progresser les discussions. Un accord est signé, ratifié de part et d'autre.

Le gouvernement britannique chute en octobre 1922 et Churchill, malade, est battu aux élections. « En un clin d'œil, je me retrouvai sans ministère, sans siège, sans parti et sans appendice. » Il déprime, même s'il met à profit ce temps pour voyager, peindre et écrire. Il se représente le 19 novembre 1923, puis le 4 mars 1924 : battu, battu et abattu !

Déçu par ses alliés libéraux, Churchill négocie son retour au sein du parti conservateur. Comment ? En usant du chantage et en menaçant de créer un parti centriste, capable de déséquilibrer le bipartisme anglais. Si Churchill ne peut gagner, il peut aisément faire perdre n'importe quel adversaire. Il a bien conscience de son rôle de leader, de sa capacité à entraîner les hommes derrière lui et à créer l'adhésion.

Il revient donc chez les Conservateurs et obtient un poste prestigieux : chancelier de l'Échiquier, c'est-à-dire ministre des Finances. « Tout le monde peut retourner sa veste, mais il faut une certaine adresse pour la remettre à l'endroit », écrit Churchill à un ami. Il n'est alors plus qu'à une marche du poste suprême, Premier ministre. Il a déjà fait aussi bien que son père…

Contrôler les finances, donc tenir les cordons de la bourse de tous les ministères, permet d'instaurer le meilleur des rapports de forces. Churchill ayant la fâcheuse habitude de se mêler de tout, il peut dès lors agir à sa guise.

Au sein de son ministère, Churchill lance de nombreuses réformes dont le controversé «Gold Standart Act» qui réinstaure, en 1925, l'étalon-or. Malgré l'inflation élevée survenue du fait de la guerre, Churchill adopte la parité d'avant-guerre. Un tel choix doit d'abord s'accompagner d'une politique d'austérité monétaire et donc une déflation de l'économie. La crise de 1929 rendra cette parité avec l'or intenable dans de nombreux pays et le Royaume-Uni l'abandonne dès 1931 après avoir provoqué une sérieuse casse de son économie.

C'est donc une erreur majeure commise par Churchill qu'il convient de comprendre. Pourquoi et comment a-t-il été leurré? Churchill confie à l'issue d'une réunion avec des fonctionnaires, des banquiers et des économistes: «Si seulement, c'étaient des amiraux et des généraux… Je parle leur langue, et je peux les battre. Mais ces types-là, au bout d'un moment, ils se mettent à parler chinois, et alors là, je n'y comprends plus rien!»

Churchill ne peut comprendre, ni s'opposer dans une discussion si technique. Il a donc fait un mauvais choix, incapable de contrer les arguments de ses alliés et de ses opposants. En négociations, il faut surtout parler le même langage que ses interlocuteurs. Churchill rectifie cette erreur en s'entourant de «vulgarisateurs», capables de lui apporter des explications, des résumés et des synthèses sur les sujets techniques.

La division, une voie sans issue

En 1929, face à une situation économique qui se dégrade, les conservateurs perdent le pouvoir. De 1929 à 1939, Churchill se met en réserve de la vie politique. Même lorsqu'un gouvernement d'unité nationale est formé, il n'est pas invité à s'y joindre.

Il est vrai que l'homme est de moins en moins populaire, seul militariste dans un monde qui cherche la paix mais dont plusieurs pays préparent activement la guerre : Japon, Italie et Allemagne. Churchill prend de la distance, médite sur ses échecs et analyse les grandes erreurs de négociations de l'Angleterre.

Face à une Allemagne qui se remilitarise sous la conduite d'Hitler, les ex-alliés de la Grande Guerre se divisent sur les mesures à prendre. Ainsi en 1933, l'Allemagne construit de nouveaux cuirassés, violant délibérément l'une des clauses du traité de Versailles. L'amirauté anglaise négocie directement un accord naval en dehors de la SDN et sans en informer son allié historique français. Cet accord prévoit que l'Allemagne pourra construire des navires de guerre sans toutefois dépasser le tiers de la flotte britannique. Elle peut construire des sous-marins jusqu'à 60 % des forces équivalentes britanniques, jusqu'à 100 % en cas de « circonstances exceptionnelles ». Pour Churchill, il est aberrant que les Britanniques aient accepté de telles clauses, vagues et sujettes à interprétation.

En jouant cavalier seul et en tolérant ces actions, les Anglais empêchent tout recours de la France et se décrédibilisent. En effet, le dirigeant italien Mussolini, encore allié des Français et des Anglais, y voit un manque de loyauté de ces derniers, manifestement bien trop crédules. Lui aussi va en profiter par la suite pour peser dans la balance des négociations internationales et obtenir des avantages grâce à son seul rôle de médiateur.

Churchill s'inquiète du déséquilibre des forces en matière aérienne. En mars 1934, lors du vote des crédits accordés à l'aviation, il interpelle les autres parlementaires : « On estime que nous occupons, au mieux, le cinquième rang des puissances aériennes [...] Il faut des mesures qui nous assurent la parité des forces. Aucune nation qui joue le rôle que nous jouons et que nous aspirons à jouer dans le monde n'a le droit de se mettre dans une situation où elle risque de faire l'objet d'un chantage. » Il semble que seul Churchill ait gardé la tête froide : envisager le pire est toujours une nécessité.

L'apprentissage : le négociateur trublion et persuasif

En mars 1936, Hitler occupe militairement la Rhénanie, violant ainsi les articles 42, 43 et 44 du traité de Versailles. La guerre semble proche. Rassurant, Hitler qualifie l'opération de purement symbolique. Les Français veulent intervenir mais le Premier ministre anglais s'y oppose, argumentant que «s'il y a seulement une chance sur cent pour que votre opération de police débouche sur une guerre, je n'ai pas le droit d'engager l'Angleterre».

Français et Anglais sont donc incohérents dans leurs demandes et leurs actions, dominées par la peur de l'affrontement. Churchill est interviewé sur cet état de fait : «Ne pensez-vous pas qu'il serait grand temps que le lion britannique montre les dents?», demande le journaliste. Churchill répond : «Il faudrait d'abord qu'il aille chez le dentiste!» Tout est dit! L'Angleterre a perdu son leadership et donc sa crédibilité, dès lors difficile de peser.

Influent, Churchill essaie de convaincre l'opinion publique de la menace potentielle de l'Allemagne lors des questions parlementaires et dans les médias. Il tente de faire accélérer les préparatifs militaires en demandant notamment l'adoption d'un plan d'urgence.

Le gouvernement britannique est indécis et s'obstine à trouver une voie d'apaisement avec des chefs d'État que l'on espère de bonne volonté, tels Mussolini ou Hitler. Churchill pointe cette incohérence le 12 novembre 1936 : «Le gouvernement n'arrive pas à se décider, ou alors il ne peut amener le Premier ministre à se décider. Le voilà donc qui poursuit sa démarche singulière, décidé seulement à être indécis, résolu à l'irrésolution, solidement partisan de la fluidité, puissamment ancré dans son impuissance.»

Le Premier ministre répond qu'il a été amené au pouvoir sur un programme pacifique et qu'il défend de toutes ses «forces les principes démocratiques» avant d'ajouter : «Une démocratie est toujours en retard de deux ans sur le dictateur.» Pourtant, en matière de négociation l'avantage revient souvent à celui qui a le plus de pouvoir interne et d'autonomie dans sa prise de décision.

Simple député, Churchill rencontre en 1937 l'ambassadeur d'Allemagne, Joachim von Ribbentrop, futur ministre du Reich aux Affaires étrangères. Ce dernier tente d'obtenir la neutralité anglaise sur les futures actions en Europe de l'Est. Aguerri, Churchill montre la voie qu'il aurait fallu tenir face au dictateur allemand: «Jamais l'Angleterre n'acceptera de telles opérations militaires.» Ribbentrop s'emporte «Dans ce cas, la guerre est inévitable. Il n'y a pas d'autre issue. Le Führer est décidé. Rien ne l'arrêtera, et rien ne nous arrêtera.

– Lorsque vous parlez de guerre, et ce serait certainement une guerre générale, il ne vous faut pas sous-estimer l'Angleterre. C'est un curieux pays, dont peu d'étrangers parviennent à comprendre la mentalité. Ne le jugez pas d'après l'attitude de son gouvernement actuel. Qu'une grande cause s'offre à son peuple, et vous verrez de combien d'actions inattendues seront capables ce même gouvernement et la nation britannique!»

Et Churchill poursuit: «Ne sous-estimez pas l'Angleterre! Elle est très habile. Si vous nous plongez dans une nouvelle Grande Guerre, elle dressera le monde entier contre vous, comme la dernière fois.»

Ribbentrop campe sur ses positions: «Ah! l'Angleterre est peut-être très habile, mais cette fois, elle ne réussira pas à dresser le monde entier contre l'Allemagne.»

Lorsqu'Hitler annexe militairement l'Autriche le 12 mars 1938, les réactions sont encore timides. Jadis farouche adversaire de l'Allemagne, l'Italie scelle une alliance avec elle. Sans réaction coordonnée de l'Angleterre, de la France ou même de la Russie, il y a tant à prendre en Europe! L'avenir appartient aux dirigeants déterminés.

Hitler, et maintenant Mussolini, sont conscients de la faiblesse de leurs adversaires. Il leur suffit d'avancer leurs pions et de mener le jeu entre coups de force et marchés de dupes. La Tchécoslovaquie tombe sans combat après les négociations de Munich, fin septembre 1938. Cet État avait pourtant reçu des engagements français «sacrés et irrévocables» pour garantir son intégrité territoriale.

Dans ses *Mémoires*, Churchill analyse tous les points acceptés ou abandonnés par la diplomatie anglaise dans ses

années de pré-guerre. Certes, il n'a pris aucune part dans ce triste bilan :
- Réarmement de l'Allemagne et abandon de la supériorité aérienne anglaise.
- Réoccupation de la Rhénanie, annexion de l'Autriche.
- Création de l'axe Rome-Berlin-Tokyo.
- Abandon et dépeçage de la Tchécoslovaquie par les accords de Munich.
- Refus des propositions de médiation du président américain Roosevelt.
- Refus de la présence à la table des négociations de la Russie soviétique.

À ce moment-là, la guerre est inévitable et il faut se préparer. Pour l'opinion publique comme pour les parlementaires, alliés et opposants, le retour de Churchill est nécessaire. Le grand négociateur qu'il est devenu au fil de ces années, directement ou indirectement, va pouvoir entrer en scène et déterminer la conduite de la guerre.

LES BONS CONSEILS DE CHURCHILL...
pour persuader ses interlocuteurs et les rallier à sa position

Churchill se révèle, au cours de ces années, être un négociateur chevronné du fait d'excellentes compétences relationnelles, mélange d'inné et d'acquis. Quelles sont les clés essentielles de son pouvoir de persuasion ? Quels conseils pourrait-il vous donner pour persuader vos différents interlocuteurs ?

- Faites preuve d'assertivité de manière à n'être ni passif, ni agressif, dans vos relations avec les autres. Dans les négociations notamment avec les suffragettes anglaises, Churchill montre sa force et sa résolution n'hésitant pas à demander l'intervention « musclée » des forces de l'ordre. Cette dureté affichée aurait dû *de facto* entraîner une détérioration des relations. Pourtant, les négociations ne se rompent pas, car Churchill a la capacité de demander fermement ou de refuser clairement, de manière courtoise et respectueuse.

- Positionnez-vous et adaptez vos discours, vos arguments et vos comportements à la nature de vos interlocuteurs. Dans le cas de son expérience comme lord de l'Amirauté, Churchill s'oppose aux arguments techniques, politiques et militaires en utilisant le même registre. À ceux qui mettent en avant son inexpérience technique lors de la réforme de la flotte britannique, il oppose des arguments techniques, fournis par le grand expert de la question, l'amiral Fisher. Aux politiques, il offre une perspective qui va au-delà d'un simple vote budgétaire, celle d'une guerre européenne imminente. Aux militaires, il explique, fin 1914, que le front ne bougera plus et qu'il faut opter pour une offensive périphérique.

L'apprentissage : le négociateur trublion et persuasif

- Conservez vis-à-vis des événements une certaine distance, propice à l'exercice de votre esprit de discernement. Concernant les négociations du traité de Versailles, Churchill note dix principales erreurs qui ne peuvent qu'entraîner de futurs conflits. L'Allemagne et la Russie, écartées des délibérations, vont certainement remettre en cause le traité. Concernant les négociations avec Hitler et sans le rencontrer, il cerne la personnalité du dictateur. Face à un tel manipulateur, Churchill sait qu'il ne faut pas rentrer dans son jeu.

- Prenez en compte les ressentis de vos interlocuteurs et développez votre empathie. Churchill cherche toujours à nouer de bonnes relations personnelles en usant d'un bon geste, d'un beau mot. Il sait trouver le cadeau qu'il faut, porter le toast opportun, serrer les mains de manière franche… Avec Michael Collins, représentant de l'IRA, il joue sur l'humour et définit ainsi concrètement de nouvelles marges de négociation. Churchill a un indéniable sens de l'empathie qui lui permet d'entrer dans la logique de l'autre et de nouer des relations franches et amicales.

- Usez de psychologie et identifiez les leviers sur lesquels vous allez travailler : peurs, moteurs, objectifs… Il ne s'agit pas de manipuler, mais d'influencer. En 1936, Churchill dit au Premier ministre Baldwin : « L'Histoire dira que vous avez eu tort dans cette affaire… Et si j'en suis certain, c'est parce que c'est moi qui l'écrirai ! » Cette phrase inquiète Baldwin qui sait bien qu'il ne s'agit pas d'une simple boutade. Un homme politique a une vision à long terme ; il est sensible à ce qu'on dit et ce qu'on dira de lui. Churchill a ainsi aisément déstabilisé son adversaire et fait infléchir sa politique.

- Sachez communiquer de manière efficace, pas seulement par l'expression verbale ou non verbale, mais par la pratique de l'écoute active, capable de capter

l'intégralité des messages émis. Cette faculté repose sur la formule E = mc² de Richard Bourrelly :
- E comme **j'Écoute**, laissant l'interlocuteur s'exprimer jusqu'au bout, sans intervenir ni lui couper la parole.
- M comme **je Montre** que j'écoute, par le regard direct ou des gestes (hochements de tête approbateurs, main qui prend des notes).
- C² comme **je montre que j'ai Compris, je montre jusqu'où j'ai Compris** par le questionnement et la reformulation des éléments exposés.

Être écarté pendant dix ans de toute action politique a certainement été frustrant pour Churchill. Pourtant, cette « traversée du désert » n'est certainement pas suffisante pour lui apprendre la patience. Les différentes personnalités qui se rendent à sa résidence de Chartwell de 1929 à 1939 viennent trouver conseils et recommandations. Churchill développe avec ses interlocuteurs une écoute active. En 1937, Ribbentrop cherche à trouver une voie pour empêcher toute intervention de l'Angleterre contre l'Allemagne concernant de futures actions militaires en Europe de l'Est. Il présente des hypothèses que Churchill écoute de manière bienveillante avant de les contrer. Cette nouvelle attitude d'écoute active lui sera essentielle pour entreprendre des négociations constructives avec des personnalités complexes, tels de Gaulle, Pétain, Roosevelt et Staline.

À vous...

Vous avez pris connaissance des conseils de Churchill.

Notez les deux « pépites » (idées, actions, ressentis que vous gardez précieusement pour vous, à transposer dans votre vie quotidienne professionnelle ou personnelle) venant directement de l'expérience de Churchill.

Pépite n° 1 :

Pépite n° 2 :

CHAPITRE 3
LES TECHNIQUES FACE AUX DIFFÉRENTES NÉGOCIATIONS

« Le courage est ce qu'il faut pour se lever et parler, mais le courage est aussi ce qu'il faut pour s'asseoir et écouter. »

Winston CHURCHILL

Dans les moments difficiles, la négociation devient une épreuve de force. Churchill a appris à résister à une telle pression, faisant preuve de sang-froid et de vision. Revenu au pouvoir avec la guerre, Churchill sait qu'il va devoir trouver des alliés pour combattre et obtenir la paix.
- Comment va-t-il préparer ces confrontations à risques avec les dirigeants internationaux ?
- Comment va-t-il, malgré les tensions, créer un climat ouvert à la négociation ?
- Comment va-t-il définir le négociable et le non-négociable ?
- Comment va-t-il créer des relations personnelles avec des interlocuteurs aussi différents que Roosevelt, de Gaulle et Staline ?

Dans un premier temps, Churchill va utiliser de nombreuses astuces et techniques, qui révéleront leur efficacité dans le cadre des futures négociations de la Seconde Guerre mondiale.

WINSTON IS BACK!

Pour Hitler, les négociations menées à Munich sont un aveu de faiblesse de la France et de l'Angleterre. Sans réelle contrepartie, il obtient le démantèlement de la Tchécoslovaquie et l'annexion du territoire des Sudètes. Ces accords ne permettent pas de régler la crise mais, au contraire, entraînent de nouvelles exigences du dictateur. En mars 1939, Hitler viole délibérément les accords passés six mois avant à Munich en envahissant le reste de la Tchécoslovaquie. Après cette annexion, Hitler promet que c'est sa «dernière revendication territoriale en Europe.». Il revient rapidement sur sa parole et prend le contrôle de la Bohême.

Churchill a désapprouvé publiquement les accords de Munich et voit clair dans le jeu d'Hitler. Dans le *Times* du 7 novembre 1938, il déclare à propos des négociateurs français et anglais : «Ils devaient choisir entre le déshonneur et la guerre. Ils ont choisi le déshonneur, et ils auront la guerre.» En effet, dans une négociation, il convient d'être ferme, mais également de contractualiser et de contrôler l'accord obtenu.

Pour leur part, les Soviétiques ont tenté de peser contre les Allemands dans les accords de Munich, mais ils ont été exclus par les alliés. Profitant de cette grande braderie des territoires d'Europe centrale, l'URSS décide de se servir et opère un revirement imprévu : l'adversaire ancestral devient un allié temporaire. Le pacte germano-soviétique signé le 23 août 1939 entre Ribbentrop et Molotov est un échec de plus à imputer aux négociateurs français et anglais. Libéré de la menace soviétique, Hitler lance ses armées contre la Pologne le 1er septembre 1939. L'Angleterre entre en guerre suivie par la France ; la Seconde Guerre mondiale a commencé.

Churchill est appelé comme ministre de la Marine. Il a soixante-cinq ans et revient au pouvoir après onze ans d'absence ; pour les Britanniques, il est l'homme providentiel : *Winston is back!*

Churchill est satisfait par cette nomination qui lui permet de disposer d'un siège au cabinet de guerre. Pour lui, il est «plus facile de donner des ordres que des conseils, et plus agréable d'avoir le droit d'agir, même dans un domaine limité, que d'avoir le privilège de parler de tout et de rien».

Pour disposer de toutes les données, Churchill fait constituer un service de statistiques en nommant à l'amirauté son ami le professeur Lindemann. Ce dernier forme une équipe d'une demi-douzaine de statisticiens et d'économistes. Ils ont accès à toutes les informations officielles et fournissent constamment à Churchill des tableaux et des diagrammes.

La Pologne est écrasée tant à l'ouest par les Allemands qu'à l'est par les Russes. Pour l'heure, la guerre se limite à quelques opérations périphériques. Churchill veut une opération à Narvik en Suède pour couper l'approvisionnement en fer de l'Allemagne. Mais c'est un échec du fait d'une longue suite d'indécisions. Manifestement rien n'a changé pour Churchill depuis la Première Guerre mondiale et il pèse peu dans les négociations au sein du gouvernement.

Toutefois, les Alliés prennent des décisions importantes. À l'issue de la réunion commune du Conseil suprême interallié tenu à Londres le 28 mars 1940, la France et l'Angleterre s'engagent par une déclaration solennelle : «Au cours de la présente guerre, les gouvernements français et britannique ne négocieront ou ne concluront aucun armistice ou traité de paix, excepté d'un commun accord.» Mais est-il encore envisageable de négocier?

Le climat est pesant. Hitler bénéficie de l'appui de dictateurs en Espagne et au Portugal. L'URSS a pactisé avec l'Allemagne. N'oublions pas également que l'Angleterre doit composer avec l'Italie qui menace les possessions britanniques en Afrique (dont l'Égypte) et le Japon qui revendique les colonies d'Extrême-Orient (Singapour et les Indes). L'allié américain est bien loin du conflit européen et guère prêt à employer la force.

Churchill est le seul à prôner l'offensive. Il décrit ainsi cette première période de la guerre appelée la «drôle de guerre»: «Ce conflit-là ressemblait davantage à une rixe entre deux truands qui se tapent sur la tête à coups de gourdin, de marteau ou de quelque autre outil plus approprié. Déplorable situation certes, et qui constitue l'une des nombreuses raisons d'éviter les guerres, pour leur substituer le règlement de toutes questions litigieuses par un accord amical, respectant pleinement les droits des minorités et enregistrant fidèlement les avis divergents. »

Le silence comme arme de négociation

En mai 1940, la situation est devenue critique pour le gouvernement britannique. Compromis par les négociations des accords de Munich et l'échec des opérations militaires, Neville Chamberlain est discrédité, incapable d'empêcher la guerre, incapable de négocier avec Hitler et Staline. Pour négocier tant en interne qu'en externe, il faut savoir conserver son prestige et sa caution morale.

Neville Chamberlain tente une ultime négociation : la constitution d'un gouvernement d'union nationale. Mais il est désavoué par son propre parti et préfère se retirer au profit de Lord Halifax. Enfin, c'est ainsi qu'il voit les choses…

Discrètement, Churchill a été prévenu que Chamberlain lui demanderait son accord pour cette succession. L'informateur a d'ailleurs ajouté un sage conseil : « Ne donnez pas votre accord ; d'ailleurs ne dites rien ! »

Le 9 mai 1940, dans son bureau, Chamberlain s'adresse à Churchill : « Je passe la main à Lord Halifax pour mener à bien le Royaume. Sir Winston, acceptez-vous d'être son second ? » Churchill regarde droit devant lui, imperturbable et se tait ! Une minute se passe, pesante, interminable. Dix secondes de plus et toujours aucune réaction. Encore dix secondes… Le temps est comme suspendu et Churchill note que ce très long silence lui a paru « certainement plus long que les deux minutes de silence observées chaque année pour commémorer l'armistice ».

Et brusquement, au bout d'une minute et trente secondes, Lord Halifax brise le silence en déclarant : « Je pense que Sir Winston Churchill doit être le futur Premier ministre de l'Angleterre. » Sans un mot, Churchill a gagné. Dans cette phase de négociation, il ne dit ni ne fait rien, ce qui est rare chez lui. Il exerce cependant son influence et attend que son interlocuteur adhère à sa vision.

Une fois la décision prise, la tension retombe. Après cet entretien capital, Churchill écrit: «Nous reprîmes ensuite nos relations habituelles, aisées et familières, qui étaient celles d'hommes ayant collaboré pendant des années et dont l'existence, à l'intérieur comme à l'extérieur du gouvernement, s'était écoulée dans l'atmosphère amicale de la politique britannique.»

Devenu Premier ministre et ministre de la Défense, Churchill se met immédiatement à l'ouvrage. Il forme son gouvernement et, devant la Chambre, déclare qu'il n'a «rien d'autre à offrir que du sang, du labeur, de la sueur et des larmes!».

Négocier sous pression: la campagne de France

La première difficulté est de former un gouvernement stable d'union nationale, représentant tant les travaillistes que les conservateurs. Churchill est habile dans cette phase de négociation interne, car il a été dans les deux partis et connaît personnellement tous ses interlocuteurs. Il écrit: «Il est sans doute plus aisé de former un cabinet, surtout un cabinet d'union nationale, en pleine bataille que par temps calme. Le sens du devoir domine tout et les prétentions personnelles passent au second plan.»

Sur la scène internationale, pour à nouveau espérer négocier une sortie du conflit, il faut vaincre. L'offensive allemande, la «campagne de France», débute le 10 mai 1940. Le 14, les divisions de *panzers* franchissent les Ardennes et la Meuse. Les tanks allemands et les bombardiers en piqué harcèlent les troupes françaises, incapables de lutter, et pulvérisent toutes les défenses. L'imposante ligne Maginot, fierté de la défense française, est simplement contournée.

Les Anglais engagent leur aviation qui subit de lourdes pertes. Les alliés français réclament dix nouvelles escadrilles de chasseurs et cette première négociation entre les alliés est tendue. Combien d'appareils peuvent être engagés sur le front français sans «courir le risque de nous retrouver sans défense et de perdre ainsi le moyen de poursuivre la guerre?».

Le 15 mai, Churchill reçoit un appel désespéré du gouvernement français: «Nous sommes battus, nous avons perdu la bataille.» Il se rend à Paris pour négocier la poursuite de la guerre. Il ne trouve que des visages reflétant «l'abattement le plus complet». On expose les faits à Churchill qui demande: «Où est la réserve stratégique? Où est la masse de manœuvre?» Le général Gamelin répond en haussant les épaules: «Aucune.»

Le temps semble suspendu. Churchill poursuit: «Quand comptez-vous attaquer les flancs?» La réponse de Gamelin est toute aussi dramatique: «Infériorité numérique, infériorité d'équipement, infériorité de méthode», le tout suivi d'un haussement d'épaules découragé.

Churchill note qu'il «n'y eut pas de discussion; il n'y avait d'ailleurs rien à discuter». Les Français réclament encore des avions. Churchill a obtenu de pouvoir envoyer quatre nouvelles escadrilles de chasse. Il prend cependant l'initiative de proposer dix nouvelles escadrilles, ce qui ravit les négociateurs français. Churchill est obligé de trouver un compromis car, plus il presse les Français de continuer la lutte, plus ses obligations à leur égard augmentent.

Churchill revient à Paris le 22 mai. Nommé commandant en chef, Weygand expose un nouveau plan de bataille, simple sursis alors que la défaite française semble inéluctable. Jusqu'au 25 mai, les Anglais font, d'après Churchill, des «efforts loyaux et persévérants bien que désormais inefficaces.» Ils se replient sur Dunkerque avant d'être évacués.

Le 31 mai, de nouveau à Paris, Churchill rencontre Pétain et prend conscience que le maréchal envisage une paix séparée. Il rappelle les engagements pris et souligne qu'une telle paix conduirait à un blocus et à des bombardements de toutes les bases allemandes en France.

La conférence de Briare, avant-dernière réunion du Conseil suprême interallié, se tient les 11 et 12 juin 1940. Les Français veulent négocier l'engagement des dernières vingt-cinq escadrilles anglaises : le tout pour le tout ! Cette fois, Churchill refuse de dégarnir sa défense et propose la poursuite d'une guerre d'usure : guérillas dans les villes, offensives périphériques via les colonies. Pour les Français, cette solution est irréaliste. La campagne de France est perdue tant militairement que moralement.

Ces différentes phases de négociation entre Alliés sont centrées sur l'action militaire. Plus Churchill accentue la pression sur la France et plus il est obligé de proposer des solutions qui répondent à ses attentes, en l'occurrence un engagement des forces aériennes britanniques. Churchill use également de la menace, en cas d'armistice unilatéral, par de futurs bombardements sur le sol français. Cette utilisation de la «carotte» et du «bâton» s'avère judicieuse face à un interlocuteur qui raisonne dans l'immédiateté.

UNE VICTOIRE DE LA NON-NÉGOCIATION : LA BATAILLE D'ANGLETERRE

Les troupes françaises et britanniques se sont repliées sur Dunkerque et attendent leur évacuation vers l'Angleterre. Cinq cent mille hommes, dont la moitié de Britanniques, sont encerclés, bombardés en permanence et menacés d'anéantissement.

Il faut négocier avec l'ennemi avant qu'il ne soit trop tard, mais la décision est risquée. Les négociations antérieures avec Hitler ont été des échecs et ont abouti à la situation actuelle. Négocier est une tâche bien particulière dans un tel climat. Churchill note qu'il «n'est pas très facile de conclure un marché quand on est à l'agonie».

Churchill a une vision exacte de son adversaire, versatile et caractériel. Acculé, le gouvernement français propose une négociation indirecte avec Hitler via Mussolini, un médiateur partisan. Churchill ne rejette pas cette idée et se prépare à quelques concessions, comme le révèle cet entretien avec son ministre des Affaires étrangères : «Si notre indépendance n'était pas en jeu, il serait bon d'accepter une proposition qui épargnerait au pays un désastre évitable», souligne Halifax.

Churchill rétorque : « Si Herr Hitler était disposé à faire la paix sur la base de la restitution des colonies allemandes et de la suzeraineté de l'Allemagne sur l'Europe centrale, ce serait une chose. Mais il y a fort peu de chances pour qu'il fasse une telle proposition.

– Il ne faut pas négliger le fait que nous obtiendrions sans doute de meilleures conditions de paix maintenant, avant que la France ne se retire de la guerre que nous n'en obtiendrions dans trois mois», souligne le ministre des Affaires étrangères.

Churchill présente les risques : « Une fois que nous serions assis, nous nous apercevrions que les conditions qui nous étaient proposées portaient atteinte à notre indépendance et à notre intégrité. Quand, à ce moment-là, nous ferions mine de quitter la table, nous nous apercevrions que toutes les forces de détermination dont nous disposions à présent auraient disparu [...] À l'heure actuelle, il y a une chance sur mille pour que l'on nous offre des conditions convenables.»

Sans marge de manœuvre, Churchill réussit à convaincre les autres membres du gouvernement de poursuivre la guerre. Mais quelle est la position de l'allié français ? Il se rend en France pour faire part de sa détermination aux dirigeants français. Il veut que la France poursuive la guerre mais il se heurte à toutes sortes d'objections.

Quelques jours plus tard, les Français se délient de leur engagement de ne jamais signer de paix séparée. Churchill y consent à condition que la flotte française soit amarrée dans des ports anglais pendant les négociations avec l'Allemagne. Les Français ne répondent pas favorablement à cette ultime demande et l'Armistice est signé le 22 juin 1940.

Hitler veut maintenant signer la paix avec l'Angleterre ce qui lui assurerait une hégémonie sur l'Europe continentale. Il pourrait ainsi concentrer ses forces vers l'est, contre l'URSS. Via la Suède, les États-Unis et le Vatican, une proposition est formalisée. Selon Churchill, Hitler « n'offrait pas la paix, mais se déclarait disposé à accepter l'abandon par la Grande-Bretagne de tout ce qu'elle avait voulu défendre en entrant dans la guerre». Churchill se révèle un adversaire farouche qui refuse toute négociation.

L'affrontement militaire se poursuit mais l'Angleterre ne peut se contenter de se défendre ; il lui faut attaquer. Un débarquement allemand est impossible car les Anglais sont maîtres des mers. Avec la Luftwaffe, Göring croit pouvoir contrôler les airs. L'objectif est de terroriser la population britannique et de faire pression sur le gouvernement pour signer la paix avec l'Allemagne. Il faut briser l'Angleterre et Churchill en brisant les Anglais. La bataille d'Angleterre commence le 21 juillet. Les unités militaires et les infrastructures sont d'abord prises pour cibles. Puis les bombardements se concentrent sur des objectifs civils, notamment le port et les quartiers résidentiels de Londres.

La défense de l'Angleterre repose sur ses aviateurs finalement peu nombreux d'où cette formule historique de Churchill leur rendant hommage : «Jamais, dans l'histoire des conflits humains, tant d'hommes n'ont dû tant de choses à un si petit nombre de leurs semblables.»

Hitler renonce et la bataille d'Angleterre est donc une victoire de la non-négociation. Cette absence ou ce refus de négocier provoque des ressentis négatifs. Hitler, furieux, s'est obstiné à vouloir raser Londres, cible symbolique mais non stratégique. Il voue dès lors une haine farouche à l'Angleterre et à l'inébranlable Churchill.

Churchill définit le cadre de sa non-négociation lors de son discours radiodiffusé du 22 juin 1941 : «Jamais nous ne parlementerons, jamais nous ne négocierons avec Hitler, ni avec personne de sa bande. Nous le combattrons sur terre, nous le combattrons sur mer, nous le combattrons dans les airs jusqu'à ce que, avec l'aide de Dieu, nous ayons débarrassé le monde de son ombre et libéré les peuples de son joug. Tout homme, toute nation qui poursuit le combat contre le nazisme peut compter sur notre aide. Tout homme, toute nation qui marchera au côté d'Hitler est notre ennemi.»

Un choix fatidique avec la France occupée

Churchill est confronté à une décision fatidique. Après la défaite française, les Anglais ont peur d'un débarquement allemand. Certes, Churchill a obtenu la promesse de l'amiral Darlan que jamais les Allemands ne pourraient s'emparer de la flotte française et qu'en dernier ressort, elle serait envoyée au Canada.

Pourtant, Churchill n'arrive plus à anticiper les décisions de son allié défait. Il veut neutraliser la flotte française qui pourrait tomber entre les mains ou être donnée à l'ennemi. C'est notamment le cas d'une escadre qui mouille dans le port de Mers el-Kébir, dans le golfe d'Oran en Algérie.

L'opération Catapult est lancée avec un ultimatum : soit la flotte française rejoint la flotte britannique, soit elle se saborde, soit elle rejoint un port allié ou neutre pour être désarmée. En cas d'indécision, aucun risque ne doit être couru. Churchill est clair, il faut ouvrir le feu : « La ferme intention du gouvernement de Sa Majesté est que si les Français n'acceptent aucune de vos propositions, ils doivent être détruits. »

Face à une même problématique, les résultats des échanges sont bien différents et révèlent les contraintes locales et le poids des personnalités dans les prises de décision. Ainsi en Angleterre, les navires français sont saisis ; à Alexandrie, ils sont désarmés ; à Dakar, ils sont attaqués ; aux Antilles immobilisés sous contrôle américain. À Oran, la flotte française bombardée est largement détruite, causant 1 297 morts dans les rangs de l'ex-allié français. Évidemment c'est la rupture des relations diplomatiques avec la France occupée, celle de Vichy.

À Londres, de Gaulle justifie l'opération en déclarant le 8 juillet : « [...] en vertu d'un engagement déshonorant, le gouvernement de Bordeaux avait consenti à livrer les navires à la discrétion de l'ennemi. Il n'y a pas le moindre doute qu'en principe et par nécessité l'ennemi les aurait employés soit contre l'Angleterre, soit contre notre propre Empire. Eh bien, je le dis sans ambages, il vaut mieux qu'ils aient été détruits. »

De fait, de Gaulle devient le représentant officiel de la

France combattante, sous influence, contrôle et protection des Anglais. Avec Churchill, les discussions et négociations sont houleuses. Churchill note que l'arrogance gaullienne est une stratégie : « Pour prouver aux Français qu'il n'était pas une marionnette entre les mains des Britanniques, il lui fallait se montrer arrogant envers eux. Cette politique, il la pratiqua certes avec beaucoup de persévérance. »

Churchill a sacrifié les intérêts français et notamment la flotte pour protéger son pays. Pourtant, il fait tout pour éviter que la France de Vichy ne déclare la guerre à l'Angleterre, même si cette dernière abrite un condamné à mort, Charles de Gaulle, et soutient largement les actions de la résistance française.

SÉDUIRE ROOSEVELT, LES ÉTATS-UNIS ET LES AMÉRICAINS

Pour gagner la guerre, il faut le soutien actif des Américains et, pour cela, adopter une communication persuasive. Il faut que Churchill séduise Roosevelt, les États-Unis et les Américains.

Dès le 10 juin 1940, Roosevelt adresse tant au gouvernement britannique que français un message de soutien offrant une aide matérielle et suggérant un futur engagement des Américains. Cependant, il rappelle très vite que la Constitution américaine prévoit qu'une déclaration de guerre est soumise au vote du Congrès. Cette négociation se révèle donc complexe, du fait des courants isolationnistes et des communautés tant allemandes qu'italiennes présentes sur le territoire américain.

Le 5 novembre, les élections présidentielles ont lieu aux États-Unis. Les deux candidats se déclarent favorables à une aide à l'Angleterre, mais Churchill préfère largement Roosevelt car « j'avais cultivé nos relations personnelles avec un soin extrême, et elles semblaient avoir atteint un degré de confiance et d'amitié qui constituait un facteur essentiel dans toutes mes conceptions. C'est avec répugnance que j'aurais envisagé la perspective de mettre fin à cette camaraderie lentement mûrie et de rompre la trame de toutes nos discussions, pour tout recommencer avec un homme d'une tournure d'esprit et d'un tempérament différents». Heureusement, Roosevelt est réélu.

Dans un premier temps, l'Angleterre commande du matériel, notamment onze mille avions, suivis d'une nouvelle commande de douze mille appareils. Mais comment payer? Les dépôts monétaires et l'or d'Afrique du Sud ne suffiront pas. Churchill n'a pas le choix. Il a besoin du matériel et rapidement. Il met en place une stratégie de conviction, faisant appel à la vieille amitié des deux peuples et à leurs intérêts communs contre l'Allemagne. Mais les affaires sont les affaires et il faut négocier chaque transaction.

Fin politique, Roosevelt ressort une ancienne loi américaine, datant de 1892. Elle autorise le secrétaire d'État à la Guerre «lorsque celui-ci jugeait que ce serait d'utilité publique» à céder à bail tout équipement militaire pour une période ne pouvant excéder cinq ans.

Le programme de prêt-bail est en fait un système d'achat à crédit, reprenant une formule du président Roosevelt: «Imaginez que la maison de mon voisin soit en feu et que j'aie un tuyau d'arrosage. [...] Je ne vais pas le lui vendre, je le lui prêterai, et il me le rendra lorsque son incendie sera éteint». La loi instaurant ce système est habilement appelée «loi pour promouvoir la défense des États-Unis».

Après avoir été ministre des Affaires étrangères, Lord Halifax est nommé ambassadeur à Washington. Une campagne de communication, de propagande probritannique est lancée. Il est vrai qu'un fort courant isolationniste perdure et, à la fin de l'année 1940, 88 % des Américains s'opposent à ce que leur pays abandonne sa neutralité.

Pour l'heure, les États-Unis s'engagent du côté de l'Angleterre en défendant les convois de ravitaillement des attaques des sous-marins allemands et en communiquant leurs positions.

Roosevelt envoie à Londres un proche conseiller, Harry Hopkins, qui dispose des oreilles du président. Il est rapidement rejoint par des attachés militaires. Hopkins va jouer un rôle décisif dans les différentes phases de négociation et d'organisation militaire tant avec les Anglais qu'avec les Russes.

De son côté, Churchill salue les interventions du maréchal John Dill qui bénéficie auprès des Américains «d'un grand prestige et pouvait exercer sur eux une influence considérable. Aucun des officiers britanniques que nous envoyâmes outre-Atlantique au cours de cette guerre n'obtint jamais des Américains une estime et une confiance comparable; la puissance de sa personnalité, sa discrétion, et son tact lui gagnèrent presque immédiatement l'oreille du président; parallèlement, il noua des liens de véritable camaraderie et d'amitié personnelle avec le général Marshall».

Après maintes tentatives, Churchill réussit à organiser une rencontre avec le président Roosevelt. Ce sera le 9 août 1941 à Argentia, au large de Terre-Neuve : quatre jours de négociations. Churchill est perplexe et déclare peu de temps avant : «Je me demande si le président va m'aimer...»

La «charte de l'Atlantique» est annoncée, ambitieuse et définissant de nouvelles règles applicables à l'après-guerre. Chacune des parties prépare une ébauche de déclaration puis les deux projets sont fondus.

L'article 6 est toutefois très explicite, peut-être trop pour un pays neutre : «Après la destruction finale de la tyrannie nazie, ils [États-Unis et Royaume-Uni] espèrent voir rétablir une paix qui fournira à toutes les nations les moyens de vivre en sécurité...» Manifestement, cette charte a été certes négociée par les deux bords mais c'est incontestablement une victoire de la diplomatie anglaise.

Churchill a besoin maintenant d'un engagement. Il est confiant mais Roosevelt rappelle que «rien n'[a] changé». Il faudra attendre l'attaque sur Pearl Harbor le 7 décembre 1941 pour que les États-Unis entrent en guerre. Les relations internationales deviennent plus simples comme le souligne Roosevelt : «Nous voilà tous à présent dans le même bateau.»

Churchill déclare la guerre au Japon via son ambassadeur et en respectant le protocole. À ceux qui s'offusquent d'un style trop cérémonieux, il rétorque : «Mais après tout, quand vous devez tuer quelqu'un, rien ne coûte d'être poli.»

Le 22 décembre, Churchill est à Washington pour une négociation marathon. Tout d'abord il a besoin de l'approvisionnement en armes des États-Unis. Maintenant que ces derniers sont en guerre, leur priorité ne va-t-elle pas être d'équiper d'abord leurs armées ? « À l'évidence, la répartition des approvisionnements allait nécessiter un examen très approfondi, tout en comportant bien des difficultés et des aspects délicats. »

Il faut convaincre les Américains de lancer une offensive en Méditerranée et en Europe : une aberration ! Les Américains sont attaqués en Asie par les Japonais et ils devraient porter leurs efforts sur le Maghreb et l'Europe !

Trois semaines de négociation commencent donc à Washington et à Ottawa en cette fin d'année 1941 et début 1942. Les contacts sont directs, au cours de déjeuners, où les affaires sont évoquées, et de dîners plus mondains. « Nous ne parlions que de nos affaires et nous nous mîmes d'accord sur de nombreux points, essentiels ou secondaires. » Concernant Roosevelt, Churchill note : « Je conçus une affection très profonde, qui ne fit que croître au cours de nos années de collaboration […] Qu'il s'agisse de principes, de sentiments et même de langage, nous étions à l'unisson. »

Suite à la venue de Churchill aux États-Unis, on décide de concentrer les forces alliées contre l'Allemagne et de ne conserver « que le minimum de forces nécessaires pour sauvegarder les intérêts vitaux sur les autres théâtres ».

Rédigée par Roosevelt et Churchill, validée par Staline, la déclaration des Nations unies engage vingt-six nations à poursuivre la guerre contre les puissances de l'Axe : Allemagne, Italie et Japon. Elle est signée le 1er janvier 1942 à Washington. La deuxième clause est essentielle dans les futures négociations car chaque pays s'engage à « ne pas conclure d'armistice ou de paix séparée avec les ennemis ».

Tout n'est finalement pas à négocier et les relations personnelles peuvent parfois contrebalancer les intérêts économiques et stratégiques. Le 21 juin, alors que Churchill est avec Roosevelt, ce dernier lui donne un télégramme reçu par ses services. Churchill apprend par les services américains la défaite britannique de Tobrouk, la perte de vingt-cinq mille soldats et les risques de perdre l'Égypte. Churchill est sonné.

« Pouvons-nous vous aider, demande Roosevelt.

– Donnez-nous tous les Sherman dont vous pourrez disposer et envoyez-les au Moyen-Orient aussi vite que possible. »

Le général Marshall déclare que les armes sont destinées aux armées américaines alors sous-équipées, mais que si ses alliés en ont besoin, il les leur donnera en y ajoutant cent canons de 105 mm. Le matériel part immédiatement et Churchill ajoute : « C'est dans le malheur que l'on connaît ses amis. »

Le pari semble donc gagné dans les négociations avec ce premier interlocuteur dès l'origine bienveillant mais qu'en sera-t-il de l'« ours russe » ?

Rechercher le consensus avec Staline

Si les relations sont amicales avec Roosevelt, l'ambiance est bien plus glaciale avec Staline. Non seulement, Churchill et Staline ne se comprennent pas mais ils ont déjà un lourd passif fait d'altercations indirectes. À part leur passion pour l'alcool, ils n'ont rien en commun.

Avant toute négociation, il faut reconnaître l'autre comme partenaire de la décision et cette reconnaissance concerne les deux bords. En clair, il convient de nouer des relations personnelles.

N'oublions pas que Churchill était au pouvoir lorsque les Anglais ont soutenu les Russes blancs contre les rouges. Il souhaitait que le bolchevisme soit « étranglé dans son berceau ». Évidemment le temps a passé, les alliances ont été modifiées mais les rancœurs existent encore.

Au début de la guerre, les Soviétiques ont joué cavalier seul et conclu un pacte avec l'Allemagne. Ils ont attaqué la Pologne, les États baltes et la Finlande. Mais Hitler a rompu son pacte avec Staline et envahit l'URSS le 22 juin 1941. Churchill est conscient que la guerre va se poursuivre à l'est et il n'est plus le seul à combattre l'Allemagne.

Immédiatement, il se rapproche de Staline en lui exprimant son intention d'apporter aux Russes toute l'aide possible. Churchill ouvre les discussions tout en notant : « Si Hitler envahissait l'Enfer cela vaudrait quelques courbettes devant le diable. »

Malgré son anticommunisme, Churchill accepte de négocier et même de s'allier avec Staline. Cette solution est le gage d'une vision à long terme et d'une ouverture d'esprit : négocier, c'est faire des compromis.

L'entretien de relations directes, cordiales, voire amicales, semble être un trait de la personnalité de Churchill qui écrit, concernant les relations avec les Russes : « Je me rendais bien compte du fait que dans les premiers temps de notre alliance, nous ne pouvions pas faire grand-chose ; j'essayai donc de compenser cette impuissance par des amabilités, et d'instaurer par l'envoi fréquent de télégrammes personnels le genre de relations cordiales que j'entretenais avec le président. Cela me valut maintes rebuffades et un mot aimable à l'occasion. »

Il est toutefois difficile de travailler et donc de négocier avec les Soviétiques. En septembre 1941, la première mission d'approvisionnement anglo-américaine est « accueillie froidement » et « les pourparlers n'eurent rien d'amicaux ». « Il n'y eut aucune réception officielle en l'honneur de notre mission avant le dernier soir, où ses membres furent invités à dîner au Kremlin. À n'en pas douter, de telles occasions, même lorsqu'elles réunissent des gens que préoccupent les plus graves questions, contribuent pourtant à aplanir les difficultés ; c'est que les contacts personnels qu'elles permettent d'établir contribuent à créer l'atmosphère propice à la conclusion d'accords. »

Churchill fait preuve de prudence et décide de ne pas entamer de négociations sur les sujets refusés d'office par Moscou. Il permet ainsi à ses interlocuteurs locaux, notamment l'ambassadeur, de conserver des marges de manœuvre diplomatique.

En avril 1943, avec la découverte du massacre de Katyn, les tensions s'accentuent entre les démocraties et la dictature soviétique. Les Allemands ont découvert le corps de milliers d'officiers polonais massacrés par la police politique soviétique. Les Soviétiques crient à la propagande néanmoins ni les Polonais, ni les Britanniques ne sont dupes. Churchill est coincé entre la loyauté due aux Polonais et l'alliance nécessaire avec les Soviétiques. Cynique et réaliste, il ajoute : « S'ils sont morts, rien ne pourra les faire revenir. »

Un fait s'impose : Churchill n'aura réussi à négocier ni l'entrée en guerre des États-Unis, ni celle de l'URSS. C'est du fait des agressions respectives que ces deux pays ont rejoint la coalition à la suite des agressions des pays de l'Axe. Il a toutefois largement et personnellement préparé le terrain.

LES BONS CONSEILS DE CHURCHILL...
pour préparer et se préparer à négocier

- Collectez préalablement à votre négociation un maximum de données objectives et factuelles. Un argument de négociation exprimé de façon subjective est toujours moins pertinent et percutant que des données statistiques et synthétiques. De plus, il peut aisément être contré par d'autres arguments subjectifs. Dès le début de la guerre, Churchill appelle à ses côtés le professeur Frederick Lindemann chargé d'organiser et de coordonner une équipe de statisticiens qui fournit en permanence tableaux et diagrammes. C'est en s'appuyant sur ces données qu'il réussit à convaincre ses interlocuteurs du cabinet de guerre des actions à mener et notamment les bombardements massifs sur l'Allemagne.

- Assurez-vous d'être suffisamment crédible et d'être le décideur final. Pour négocier efficacement, il faut avoir le soutien de son camp et disposer d'une importante délégation de pouvoir. Dans les six premiers mois du conflit, Churchill n'est encore que lord de l'Amirauté et ne pèse pas suffisamment pour négocier efficacement en interne. Il échoue au lancement de l'opération de Narvik en Suède. Il affirme son leadership et dispose ensuite d'un soutien important des parlementaires et du peuple anglais. Il cherche constamment à maintenir cette confiance, n'hésitant pas à demander des votes au Parlement sur son action diplomatique. Le 29 janvier, suite aux accords passés avec les États-Unis, il obtient le soutien de quatre cent soixante-quatre députés et la méfiance d'un seul. Churchill a d'ailleurs remercié cet irréductible d'avoir démontré qu'il était possible de s'opposer à lui.

- Préparez-vous à accentuer la pression seulement si vous pouvez proposer des contreparties. Dans le cas de ses relations avec la France en mai 1940, Churchill se sent obligé de proposer le renforcement des forces aériennes britanniques engagées dans la campagne de France. Il n'hésite pas à manier alternativement la « carotte » et le « bâton » dans les différentes phases de négociations.

- Définissez un objectif commun qui concerne directement les protagonistes. Dans le cas de ses relations avec son allié, Churchill vient à plusieurs reprises en France rappeler les objectifs de guerre et marteler les engagements pris de ne négocier ni conclure « aucun armistice ou traité de paix, excepté d'un commun accord ».

- Créez un climat ouvert à la concertation en nouant des relations personnelles avec les protagonistes des négociations. Avec Roosevelt, Churchill entretient une relation permanente, lui envoyant directement près de mille trois cents télégrammes durant la guerre. Les relations deviennent même amicales, notamment lors de la défaite britannique de Tobrouk où Roosevelt propose spontanément l'aide américaine.

- Créez le contact et lancez la consultation : rencontrer, interroger, questionner. Churchill et les Britanniques doivent entamer un important travail de découverte de leurs homologues soviétiques même si la relation n'est pas équitable. Churchill note par exemple que « le gouvernement soviétique avait l'impression qu'il nous accordait une très grande faveur en luttant pour son existence même, sur son propre sol ; plus il se battait et plus nous lui étions redevables. »

- Organisez le maximum d'entretiens préalables et informels. Dans les phases de négociation, Churchill aménage de nombreux tête-à-tête aussi bien pour nouer des relations personnelles que pour présenter directement les arguments. Ainsi, il donne souvent de sa personne (invitation à boire un verre ou à dîner), de manière protocolaire ou dans le cadre familial. Cette proximité est le principal atout de Churchill, hôte remarquable à l'érudition et à l'humour reconnus, qui n'hésite pas, dans le flot d'une conversation, à glisser ses idées et à tester les réactions de son interlocuteur.

À vous...

Vous avez pris connaissance des conseils de Churchill.

Notez les deux « pépites » (idées, actions, ressentis que vous gardez précieusement pour vous, à transposer dans votre vie quotidienne professionnelle ou personnelle) venant directement de l'expérience de Churchill.

Pépite n° 1 :

Pépite n° 2 :

NÉGOCIER DANS LA DURÉE : LE COMPROMIS DU DÉBARQUEMENT

« En temps de guerre, la vérité est si précieuse qu'il faut constamment l'entourer d'une escorte de mensonges. »

Churchill à Téhéran.

Pour Churchill, le constat est clair : l'entrée en guerre de l'URSS puis des États-Unis doit entraîner, à terme, la victoire des Alliés. Néanmoins, il faut organiser des opérations de ravitaillement, de soutiens et des offensives militaires. La plus ambitieuse d'entre elles, le débarquement en Normandie, est l'objet de nombreuses et longues négociations durant près de trois ans.

Les divergences sont clairement affichées :
- En logisticien, Churchill ne veut pas déclencher une telle opération tant que toutes les conditions ne seront pas favorables. L'opération ne peut se concevoir qu'après trois ou quatre ans de préparation.
- En politicien, Roosevelt veut engager ses forces dans une opération d'envergure pendant son mandat, vaincre l'Allemagne et ainsi tourner ses forces contre

le Japon. Idéalement, une à deux années sont nécessaires.
- En stratège, Staline veut l'ouverture d'un second front à l'ouest le plus rapidement possible pour limiter la pression militaire allemande à l'est et contre-attaquer. Il veut une opération au maximum dans un an.

Si une offensive d'envergure anglo-américaine fait l'unanimité, le lieu, la date et l'importance des forces engagées seront soumis à maintes tractations.
- Comment vont se dérouler ces négociations engageant la plus grande et complexe opération militaire de tous les temps?
- Comment trouver un compromis avec de tels enjeux et de telles divergences de visions?
- Comment contenter les uns et ménager les autres et trouver ensemble le meilleur résultat possible?
- Comment Churchill va-t-il réussir à garder le cap dans des négociations longues et espacées dans le temps pour lesquelles les alliances et les rapports de force évoluent constamment?

CONTENTER LES UNS...

Dès le 19 juillet 1941, moins d'un mois après l'invasion de l'URSS, Staline tente de négocier l'ouverture de nouveaux fronts et notamment à l'ouest «en France septentrionale». Les arguments soviétiques sont simples : l'essentiel des forces allemandes est mobilisé en Russie et les Allemands n'ont pas encore suffisamment fortifié les côtes françaises. Churchill note : «C'est ainsi que la pression russe en faveur de l'ouverture d'un second front commença dès le début de notre correspondance; ce thème allait être abordé sans relâche au cours de nos relations ultérieures.» Staline montre ainsi clairement ses techniques de négociation, fondées sur la pression et la réitération des demandes.

Pour Churchill, un tel plan est prématuré. Pourquoi créer un second front alors que Staline a laissé la France se faire écraser? D'un point de vue stratégique, une opération en

France est encore inenvisageable. Staline propose donc la venue massive de troupes anglaises au sud de l'URSS via l'Iran. Churchill trouve ce revirement «incroyable» et «absurde». Il note: «Discuter avec un homme dont les pensées pouvaient s'égarer aussi loin de la réalité paraissait sans espoir, et je lui fis la meilleure réponse possible.» Staline cherche à bluffer ses interlocuteurs pour faire avancer ses plans.

Pour Churchill, le projet de débarquement en France ne peut être envisagé avant le 1er avril 1943, même si cette action armée peut être prématurément déclenchée dans deux cas: pour profiter d'un effondrement allemand ou pour prévenir un écroulement imminent des Russes. Churchill préfère promouvoir deux autres plans de débarquement: l'un en Afrique du Nord et l'autre en Norvège. Il s'agit de mener des opérations périphériques.

Les États-Unis ont un autre avis et actent l'idée d'opérations d'envergure contre l'Allemagne. Les Américains sont partisans de créer ce second front sur les côtes françaises. Leur plan appelé «Sledgehammer» prévoit le débarquement de divisions anglo-américaines dans le Cotentin dès l'été 1942 pour établir une tête de pont en vue d'un grand débarquement au printemps 1943.

Les dissensions sont donc fortes. Le 18 juillet 1941, les généraux américains Marshall, Eisenhower, Clark, Spaatz et les amiraux King et Stark négocient avec leurs homologues britanniques la conduite des opérations. Finalement, Churchill doit expliquer aux Américains qu'ils ne sont pas prêts à une telle opération, sans heurter évidemment la susceptibilité des militaires. Après quatre jours, la situation est dans l'impasse et la délégation américaine demande de nouvelles instructions au président Roosevelt.

Roosevelt répond qu'il n'est pas surpris du résultat décevant des conversations de Londres. Il demande de ne pas insister mais de trouver néanmoins un accord pour une autre opération. Churchill présente alors son plan de débarquement en Afrique du Nord-Ouest français (Maroc, Algérie, Tunisie). Il profite dès lors de cette situation critique pour présenter son projet alternatif.

Churchill a donc joué la montre pour faire aboutir son projet. Il a laissé les discussions arriver à leur terme, c'est-à-dire à une impasse, pour proposer son plan B, travaillé et solide. Dans cette phase de négociation, les Alliés sont obligés de trouver une solution, un compromis acceptable, alternant concessions et contreparties.

Le Premier ministre anglais en a profité et propose une solution gagnant-gagnant. Le plan en Afrique du Nord est adopté et celui du débarquement en France doit être mieux étudié. Reporté, il reste donc d'actualité. Il s'agit pourtant d'une concession car Churchill souhaitait également un débarquement en Norvège. Mais là, il a perdu en interne, contredit par ses propres généraux qui ont fait bloc. Churchill s'emporte et n'hésite pas à affirmer que «Staline a la chance de pouvoir faire fusiller tous ceux qui sont en désaccord avec lui». Puis, il se radoucit et finit par céder à ses contradicteurs.

Pour négocier, il faut donc parfois renoncer à une partie de ses demandes. Churchill dit lui-même à propos de sa demande de débarquement en Afrique du Nord et en Norvège : «Je crois encore que l'on aurait pu les exécuter simultanément. Mais lorsque l'on discute passionnément d'impondérables, il est très dangereux de ne pas conserver un objectif unique et simple ; tout en désirant à la fois "Torch" et "Jupiter", je n'eus jamais l'intention de laisser la seconde compromettre la première. Les difficultés rencontrées pour concentrer et harmoniser en une seule poussée irrésistible tous les efforts de deux puissantes nations étaient telles que l'on ne pouvait permettre à aucune ambiguïté d'obscurcir le jugement.»

... ET MÉNAGER LES AUTRES

Évidemment, ce choix stratégique ne peut que mécontenter l'allié russe. Churchill s'inquiète à juste titre de la réaction du gouvernement soviétique de ne pas lancer une opération transmanche.

Les Russes avaient fait pression bien en amont des négociations anglo-américaines. Dès le 20 mai 1941, Molotov s'était rendu à Londres pour négocier les termes de l'alliance anglo-russe et pousser ses alliés à l'action via l'ouverture d'un second front. Auprès de Molotov, Churchill argumente comme à son habitude à l'aide de données et de cartes. Il explique les spécificités insulaires de l'Angleterre, les éléments techniques inhérents aux opérations amphibies et les difficultés à maintenir la logistique et la communication face, notamment, aux sous-marins allemands. Churchill, confiant, note que «Molotov fut impressionné par tout cela, et il comprit que nos problèmes différaient radicalement de ceux qu'avait à résoudre une grande puissance continentale. En tout cas, nous nous rapprochâmes davantage à cette occasion qu'en toute autre circonstance».

Churchill recherche les limites des négociateurs russes et tente de les manipuler en jouant sur l'ambiguïté. Les Russes veulent un second front, une opération d'envergure sur les côtes françaises. L'opération en Afrique du Nord est d'ampleur et concerne les colonies françaises...

Churchill commence par leurrer son adversaire allemand par un communiqué publié le 11 juin 1941: «Les pourparlers ont fait apparaître un accord complet quant à la nécessité urgente d'ouvrir un second front en Europe durant l'année 1942.» Les Allemands vont ainsi maintenir des forces conséquentes en France. Pour éviter de tromper également son allié, il précise par écrit: «Il est impossible de dire à l'avance si la situation permettra d'exécuter cette opération le moment venu. Nous ne pouvons donc faire aucune promesse à cet égard, mais dès lors que cela apparaîtra raisonnable et opportun, nous n'hésiterons pas à mettre nos projets à exécution.»

Il décide immédiatement de se rendre à Moscou avec une forte délégation, dont le général Wavell qui parle russe. Le trajet est périlleux mais Churchill se sent le «devoir d'exposer les faits en personne aux dirigeants de l'URSS, et de voir Staline en tête-à-tête, plutôt que de passer par des télégrammes et des intermédiaires. C'était au moins leur montrer que quelqu'un s'intéressait à leur sort, et comprenait l'importance de leur combat pour le cours de la guerre dans son ensemble». Dans une telle phase de négociation, l'indifférence et le laisser-aller auraient été particulièrement contre-productifs.

Churchill mise sur trois points : sa présence, ses arguments et l'espoir de nouer des relations personnelles avec le dictateur russe. C'est après tout la première fois que Staline et Churchill se rencontrent.

Les réceptions sont somptueuses mais les négociations sont tendues. « Les deux premières heures furent mornes et sombres », note Churchill. Il décide de parler franchement et invite Staline à faire de même. À l'aide de cartes, il annonce que l'opération en France est impossible en 1942, au mieux 1943...

Staline se renfrogne et n'accepte pas les arguments présentés. « Il n'y a pas en France une seule division allemande de valeur. Elles sont toutes en Russie. »

Churchill conteste : « Il y a en France vingt-cinq divisions allemandes, dont cinq de première ligne. Je laisse le soin à mes conseillers militaires de vous présenter l'état des forces allemandes. »

Staline s'agite et s'exclame : « J'ai une bien autre conception de la guerre. On ne peut la gagner si on n'est pas prêt à courir des risques. » Et il ajoute : « Si vous ne pouvez débarquer en France cette année, je n'ai pas qualité pour l'exiger ou pour insister, mais je suis obligé de vous dire que je ne suis pas d'accord avec vos arguments. »

Churchill a décidé de présenter d'abord les difficultés pour ensuite « créer une atmosphère favorable au projet que j'étais venu exposer ». Il expose ainsi le pire en premier avant de sortir son joker, son projet alternatif : « Je n'essayais donc pas de dissiper immédiatement la morosité ambiante ; je demandais donc expressément que l'on se parlât avec la franchise la plus brutale, ainsi qu'il convenait entre amis et camarades face au péril. »

Churchill présente donc le projet « Torch », validé par les Américains, de débarquement en Afrique du Nord. Il présente une *deadline* courte et soulage ses interlocuteurs russes. Enfin, Churchill crée l'adhésion à son projet grâce au dessin d'un crocodile : « Nous nous proposons d'attaquer le ventre mou de l'animal en même temps que son museau dur.» Churchill remporte cette phase de négociation et les Russes se rallient au plan britannique.

Les deux hommes font ensuite échange d'amabilités. Churchill annonce : « Je me tiens à votre disposition pour le cas où vous désirerez me revoir. » Et Staline lui répond : « Selon la coutume russe, c'est aux visiteurs d'exprimer leurs souhaits. Je vous recevrai donc à votre convenance. »

Le lendemain, la situation se retourne. À 23 heures, tous se retrouvent à nouveau au Kremlin et Staline accuse directement les Anglais de lâcheté. Est-ce un problème d'humeur changeante ou une technique bien rodée ? *A posteriori*, Churchill pensera à une technique éprouvée...

«Vous n'avez pas respecté vos engagements. Vous avez trop peur des Allemands. Si vous essayiez de vous battre comme des Russes, vous constateriez que ce n'est pas si terrible. » Churchill rétorque : «Vos reproches semblent s'adresser tant à la Grande-Bretagne qu'aux États-Unis. Nous n'avons pas manqué à nos engagements de vous fournir du matériel. J'excuse vos remarques du fait de la bravoure de l'armée soviétique mais pour débarquer, il faut franchir la Manche et ce n'est pas une mince affaire ! »

Staline poursuit ses invectives. Churchill tape alors violemment du poing sur la table et ajoute : « J'ai fait tout le voyage depuis l'Europe au milieu de tous mes problèmes – oui, Monsieur Staline, moi aussi, j'ai mes problèmes –, et j'espérais tendre la main à un compagnon d'armes ; je suis amèrement déçu, car cette main n'a pas été saisie. »

Churchill est outré et menace de partir. Le traducteur est tétanisé et n'arrive pas à suivre le flot des paroles. Staline reprend la discussion, manifestement amusé : «Je ne comprends pas vos paroles, mais, par Dieu, j'aime l'esprit dans lequel elles sont prononcées. »

La tension retombe car le ton plaît. Staline a trouvé l'homme d'action qu'il cherchait. Le lendemain Churchill reçoit une surprenante invitation. Staline propose : «Vous partez demain à l'aube. Si nous allions chez moi boire quelque chose ? » Churchill lui répond : « Par principe, je suis toujours en faveur d'une telle politique. »

En tête-à-tête, la soirée va durer de 20h30 à 2h30 du matin. «Les bonnes relations ayant été ainsi complètement rétablies, la conversation se poursuivit.» En position de force, Churchill présente alors le projet de débarquement en Norvège, retoqué par les Américains. Manifestement, le Premier ministre a de la suite dans les idées…

Churchill a réussi à nouer des liens personnels, alors qu'ils avaient de réelles divergences et un passif bien chargé. Tenir tête à Staline a été pertinent. Dans cette phase de négociation, Churchill n'a pas cédé «un pouce de terrain, sans toutefois prononcer un seul mot amer».

Les consultations bilatérales

Après les succès de l'opération «Torch» en Afrique du Nord mais l'enlisement en Tunisie, des divergences apparaissent entre les Alliés sur la stratégie à adopter :
- Les Anglais veulent poursuivre les opérations engagées tout en préparant le grand débarquement.
- Les Américains veulent porter leur effort en France via la Manche tout en arrêtant la progression en Afrique du Nord.

Pour trouver un compromis, une conférence est décidée en janvier 1943 à Casablanca. Invité à se joindre à eux, Staline décline.

À Casablanca, l'ambiance des négociations est agréable, mélange de cordialité et de confiance mutuelle. Engagés dans les différentes opérations, les interlocuteurs se connaissent bien, les échanges sont spontanés et ouverts.

Après dix jours de consultation, la cause est entendue. L'effort sera porté sur Tunis puis la Sicile. Les Alliés décident également d'exiger la reddition sans condition des puissances de l'Axe. Dès lors plus aucune négociation n'est possible entre les belligérants.

Après ces négociations, Roosevelt et Churchill partent ensemble pour une excursion touristique. Cela permet souvent et de manière informelle et officieuse d'expliquer ses points de vue et d'atténuer les divergences sur les négociations futures. Mais l'absence de Staline pèse comme le note Churchill : « S'il avait pu venir à Casablanca, les trois alliés auraient été en mesure d'élaborer en tête-à-tête un plan d'action commun. » La légitimité des négociations est donc liée à la présence effective des décideurs.

Avec la victoire de Stalingrad qui met fin au mythe de l'invincibilité allemande, le prestige militaire de Staline se renforce. S'il ne fait aucunement part de ses intentions stratégiques, il revient à la charge en jugeant « décevant » les retards pris en Tunisie et en soulignant que ces opérations ne sauraient « remplacer le second front en France ». Il conclut : « C'est pourquoi le caractère imprécis de vos déclarations concernant l'offensive anglo-américaine transmanche éveille en moi de graves inquiétudes, que je ne crois pas pouvoir taire. » Il accentue ainsi sa pression sur les négociations à venir.

Le 12 mai 1943, la troisième conférence de Washington (dite conférence Trident) débute. Les Américains insistent pour que l'invasion se fasse en Europe occidentale alors que les Britanniques défendent plutôt une stratégie d'invasion de l'Italie ou des Balkans. Churchill note : « Au début, les divergences semblaient insurmontables et l'on parut s'acheminer vers une rupture [...] Mais à force de patience et de persévérance, nos difficultés finirent par s'aplanir. »

Le projet de débarquement est ajourné. Pourtant il faut bien lancer de nouvelles opérations et Churchill cible la Sicile, les Américains la Sardaigne. Le conseiller spécial de Roosevelt, Hopkins, déclare en privé à Churchill : « Si vous voulez aboutir, il vous faudra rester ici une semaine de plus, et même ainsi, il n'est pas sûr que vous y parveniez. » Cette fois, même la stratégie d'usure ne sera pas suffisante. Churchill se ravise et adopte une nouvelle tactique.

Il demande à ses principaux contradicteurs, les généraux Marshall et Eisenhower de l'accompagner sur le terrain, à Alger, pour leur présenter en tête-à-tête ses projets. Huit jours de négociations difficiles débutent : « Eisenhower se montra fort réservé ; il écouta tous nos arguments, et je suis sûr qu'il en approuvait l'objet. Mais Marshall demeura silencieux ou énigmatique presque jusqu'au tout dernier moment. »

Churchill a choisi un terrain certainement plus favorable pour lui que la Maison Blanche et son ambiance feutrée. Il présente ses arguments et emporte l'adhésion des parties : l'offensive en Italie est décidée et sera rapidement un succès. Cette nouvelle tactique s'est révélée payante.

Avec l'expérience du débarquement en Sicile et la chute de Mussolini, Churchill pense être prêt pour le grand débarquement : « Overlord ». Une conférence exceptionnelle est organisée dans le plus grand secret au Château Frontenac, à Québec, entre Churchill et Roosevelt.

Churchill profite de visites protocolaires pour arriver une semaine avant le président américain. Il veut une discussion constructive en déployant le maximum d'arguments techniques faisant venir les meilleurs spécialistes des opérations de débarquement. Il est vrai que les problèmes sont divers et nombreux.

Pour le commandement en chef de l'opération, Churchill présente à ce poste un proche, le général britannique Brooke qui exerce, depuis 1942, le commandement allié à Washington. Au début de la négociation, cela lui semble normal : l'homme a de l'expérience, les opérations vont être lancées d'Angleterre avec des forces engagées équivalentes entre Anglais et Américains.

Plus les discussions avancent, plus l'engagement américain se renforce. Churchill prend alors l'initiative de proposer la nomination d'un commandant américain. Le choix se porte sur Eisenhower. Churchill désarme ainsi les oppositions tout en négociant le remplacement du commandant en chef du théâtre méditerranéen, alors américain, par un chef britannique. Par surprise, Churchill trouve une solution dans un moment de flottement qui aurait pu devenir conflictuel. Il propose légitimement une contrepartie qu'il obtient.

La principale querelle est liée aux futures opérations contre le Japon. La Grande-Bretagne veut y prendre une part active alors que les Américains veulent avoir toute liberté d'exercer leur vengeance après Pearl Harbor. « J'avais incité

mes amis du comité des chefs d'état-major à se battre sur ce point jusqu'à l'extrême limite, parce qu'à ce stade de la guerre, ma plus grande crainte était d'entendre les critiques américaines dire : "L'Angleterre, après avoir tiré de nous le maximum pour l'aider à battre Hitler, se tient maintenant à l'écart de la lutte contre le Japon et va nous laisser en plan."»
Il s'agit là encore d'une tactique, l'opposition n'étant que formelle sur des opérations encore hypothétiques.

Les négociations sont encore dans un rapport gagnant-gagnant entre Américains et Anglais. Néanmoins la réalité des rapports de force va commencer à peser. Pour Churchill, les accords passés sont «ajustables», pour Roosevelt, ils sont fermes.

Seul, Churchill lance des opérations en mer Égée qui sont contrées à Rhodes. Churchill demande de l'aide à Roosevelt, «mais les influences négatives, jusque-là surmontées de justesse, avaient repris le dessus». Roosevelt refuse de transférer des forces d'Overlord et donc de retarder la grande opération : «À mon avis, l'exécution d'Overlord dans les conditions prévues ne doit être entravée par aucune dispersion de troupes ou de matériel. Les chefs d'état-major américains sont du même avis.» Churchill insiste et propose même de se rendre à Tunis pour négocier et convaincre ; sa présence est jugée «inopportune»! Churchill cède et ne comprend pas cette situation. «Je m'inclinai néanmoins, avec un des plus cruels serrements de cœur que j'aie éprouvés au cours de la guerre. S'il faut céder, mieux vaut le faire avec la meilleure grâce possible».

Churchill cède, ménageant ses alliés et pensant ainsi continuer de peser sur les négociations futures. Mais il est «chagriné de voir [s]es modestes requêtes, visant des objectifs stratégiques d'importance presque égale à ceux déjà atteints, si opiniâtrement contrées et rejetées.»

Churchill voulait seulement disposer de plus de temps pour lancer Overlord, ne pas être rigide quant aux moyens utilisés sur les différents fronts mais ajuster en permanence les ressources en fonction des contraintes. Il note que les négociations sont alors de «longues disputes pour essayer d'obtenir de faibles marges».

LA CONFRONTATION TRILATÉRALE : TÉHÉRAN

À deux, les négociations deviennent de plus en plus complexes et tendues pour Churchill. Cette confrontation devient effective avec l'entrée en scène de Staline.

Pour l'heure, aucune réunion entre les trois «Grands» (*The Big Three*) n'a été organisée, mais de nombreux points ont déjà été validés lors d'échanges bilatéraux.

Avant toute négociation, il faut déjà négocier : la date, l'endroit et les modalités. Churchill propose une rencontre à Londres mais Staline insiste pour choisir Téhéran, un territoire «neutre» car l'Iran est alors occupé par les forces soviétiques et britanniques. Ce sommet de Téhéran se déroule du 28 novembre au 1er décembre 1943.

Dans ses *Mémoires*, Churchill fait le point sur le rapport des forces anglaises et américaines, notamment en nombre d'hommes engagés sur le théâtre des opérations. Il note : «Jusqu'à l'arrivée en Normandie du gros de l'armée américaine en automne 1944, nous étions en droit de parler au moins à égalité, et le plus souvent comme partenaire majoritaire, sur tous les théâtres de guerre, à l'exception du Pacifique et de l'Australie.» Évidemment, ce n'est qu'une donnée car les négociateurs réfléchissent par projection. À Téhéran, le rapport de force est à l'avantage des Américains.

Les Russes choisissent un lieu favorable pour les négociations, l'ambassade soviétique. Pourtant au départ, Roosevelt devait loger à l'ambassade britannique, mais les Soviétiques réussissent à le convaincre de prendre ses quartiers dans leur ambassade, mettant en avant le manque de sécurité et le risque d'un attentat. Les négociateurs sont alors logés dans un bâtiment truffé de micros.

Alors que Churchill misait sur une négociation équilibrée, il doit faire face à un changement des jeux d'alliance. Roosevelt veut à tout prix un engagement des Russes contre les Japonais et s'entretient en tête-à-tête avec Staline. Il refuse même la présence de Churchill à un déjeuner arguant «qu'il ne voulait pas que Staline sache que nous avions des apartés».

Churchill est anéanti par ce manque de confiance et cette trahison. Un nouveau bloc émerge donc du sommet de Téhéran qui exclut des grandes négociations l'empire britannique ou tout du moins minimise son rôle. Il écrit à sa femme qui lui répond : « La chose pire que les Alliés c'est de ne pas avoir d'alliés. »

Staline en profite et manifeste son exaspération sur les atermoiements des alliés reportant sans cesse le débarquement prévu maintenant pour mai 1944. Churchill maintient que l'opération ne peut être lancée que si les conditions sont favorables et en l'absence de forces importantes allemandes. Staline joue la confrontation et à la fin d'une séance s'adresse directement à Churchill : « Je désire poser une question très directe au Premier ministre concernant "Overlord". Le Premier ministre et l'état-major britannique croient-ils vraiment à cette opération ? »

Churchill répond posément : « Si les conditions sont réunies en temps voulu, notre devoir absolu sera de lancer à travers la Manche jusqu'à la dernière parcelle de nos forces contre les Allemands. »

Churchill comprend l'écart de perception sur la situation. Il maintient son idée d'offensive en Italie et dans les Balkans, Roosevelt veut des offensives en Chine, dans l'océan Indien et en France, Staline ne veut que la France. Churchill doit réagir.

Les négociations sont tendues et chaque camp argumente en faisant des concessions. Au soir du 29 novembre, le général Brooke écrit dans son journal : « Après avoir entendu les arguments avancés au cours des deux derniers jours, j'ai envie de m'enfermer dans un asile de fous ou dans une maison de retraite. »

Un soir, lors d'un échange arrosé à l'ambassade soviétique, Staline déclare : « Toute la puissance des armées allemandes reposant sur quelque cinquante mille officiers et techniciens, il suffira de les faire fusiller pour extirper définitivement le militarisme allemand. »

Churchill, outré, rétorque : « Le Parlement et l'opinion britanniques ne toléreront jamais des exécutions de masse. Même s'ils les laissaient commencer sous l'emprise des passions engendrées par la guerre, ils se retourneraient avec violence contre les responsables. »

Staline campe sur ses positions et reprend froidement : « Il faudra en fusiller cinquante mille. »

Indigné, Churchill s'écrie : « J'aimerais mieux qu'on me conduise dans le jardin ici et maintenant pour y être fusillé, plutôt que de souiller l'honneur de mon pays et le mien propre par une telle infamie ! » Roosevelt tente alors de faire retomber la tension : « J'ai un compromis à proposer : on n'en fusillera pas cinquante mille, mais quarante-neuf mille ! » Si Roosevelt s'amuse, en revanche Staline est bien sérieux, trop sérieux. Il a déjà procédé ainsi en faisant fusiller quatre mille cinq cents officiers polonais à Katyn en avril et mai 1940.

Lors de cette négociation marathon, tendue, où les confrontations sont continuelles, les décisions majeures sont :
- l'accord de Staline pour la création d'une organisation internationale (projet cher à Roosevelt) ;
- le soutien des partisans yougoslaves communistes (proposition soutenue par Staline) ;
- l'accord militaire pour des offensives communes via un débarquement en Normandie, une offensive russe à l'est et une opération dans le sud de la France, (projets soutenus par les Américains et les Russes).

Churchill est impuissant dans cette nouvelle phase de négociation. Pour la première fois, il a perdu la partie. Il espère toutefois que les réunions bilatérales prévues par la suite au Caire entre Anglais et Américains vont permettre de contrebalancer les accords. Mais les décisions sont prises et Roosevelt n'y reviendra pas.

L'opération Overlord ne peut plus être retardée.

Dans cette ultime phase de négociation du débarquement, Churchill, ayant opté pour une négociation coopérative, a perdu à cause de la défaillance de son allié. Il est manifestement moins habile à négocier en groupe que de personne à personne. Il va dès lors opter pour une approche plus directe, montrant son énergie et sa détermination.

La concrétisation : les débarquements alliés

Le commandant en chef Eisenhower organise la plus importante opération logistique de tous les temps : trois millions de soldats doivent traverser la Manche pour débarquer en Normandie dont plus de cent cinquante mille uniquement le jour J.

Churchill se méfie des choix faits à Téhéran et s'emploie à retarder le plan de débarquement en Normandie. Il a été sur le front français lors de la Première Guerre mondiale et connaît bien tous les risques d'une telle opération. Mais il ne lui reste plus qu'à négocier « le jour J et l'heure H », en fonction des conditions météorologiques et d'une marée favorable.

À mesure que le jour J approche, Churchill devient fébrile. Il fait tout pour que l'opération soit une réussite, mais cette dernière est pour lui trop risquée. Le 19 mai 1944, il se rend dans les bureaux de Montgomery pour lui soumettre quelques points négatifs. Ce dernier rétorque : « Je crois comprendre, Sir, que vous voulez discuter avec mon équipe de la proportion de soldats par rapport aux véhicules embarqués sur les plages avec les premières vagues. Je ne peux pas vous le permettre. Les officiers de mon service me conseillent, après quoi je prends la décision finale. Ils font alors ce que je leur dis de faire. Cette décision finale, je l'ai déjà prise […] Mais si vous pensez le contraire, cela ne peut signifier qu'une seule chose : que vous n'avez plus confiance en moi. » Churchill se retire.

Le Débarquement est un succès avec beaucoup moins de pertes que prévu. La suprématie aérienne alliée est écrasante. Les troupes alliées progressent et Churchill est soulagé. Staline télégraphie : « Il est évident que le débarquement conçu sur une échelle grandiose, a remporté un succès complet. Mes collègues et moi-même sommes obligés d'admettre que l'histoire militaire ne connaît pas d'entreprise comparable à celle-ci par l'importance des forces mises en jeu, l'ampleur de la conception et l'exécution magistrale. » Dans la victoire, dans la réussite, les difficultés s'estompent.

Cependant l'exécution du Débarquement a été portée par les Américains.

Un second débarquement a lieu le 15 août 1944, soit dix semaines après le jour J: c'est l'opération Dragoon qui engage Américains et Britanniques en Provence. C'est surtout cette seconde opération qu'avait combattue farouchement Churchill: «La première erreur stratégique et politique majeure.» Pourquoi? Car les forces alliées sont maintenant concentrées en France et d'autres territoires, notamment les Balkans, vont certes tomber, mais du côté soviétique.

Les offensives occidentales et orientales des Alliés sont une réussite et le Reich chancelle. Churchill est finalement vainqueur; le chemin parcouru depuis la défaite française en juin 1940 est impressionnant.

LES BONS CONSEILS DE CHURCHILL…
pour maîtriser les négociations de longue durée

- Cernez l'écart qui vous sépare de vos interlocuteurs et réfléchissez à des alternatives possibles. Dans la première phase de négociation du Débarquement, Churchill comprend l'intérêt des Américains et des Russes pour une opération sur les côtes françaises. Il explique par des arguments techniques toutes les difficultés d'organiser de telles opérations et propose une alternative, des opérations analogues et moins risquées en Afrique du Nord. Pour lui, ce projet s'inscrit dans les préparatifs d'Overlord, testant les résistances allemandes, le matériel et les hommes.

- Gardez toujours la vision et le cap. Churchill a participé à de nombreuses conférences interalliées avant le Débarquement. Son objectif est clair : il veut que toutes les conditions soient réunies pour un succès complet. Il reste focalisé sur son objectif et adapte sa stratégie et ses actions en fonction de son environnement, de ses ressources et de la réaction de ses interlocuteurs.

- Fortifiez les relations avec les protagonistes. Churchill ne ménage jamais son temps pour développer les relations personnelles. Même déçu par certaines personnalités, il continue d'œuvrer pour maintenir les relations les plus cordiales.

- N'hésitez pas à confronter les décideurs à la réalité en emmenant sur place vos contradicteurs. Dans le cadre feutré des palais ou des salles de réunion, les éléments techniques se dématérialisent. Face aux généraux américains, Churchill retourne la situation en les emmenant à Alger, montrant concrètement ses plans. Il emporte finalement l'adhésion et remporte la négociation.

- Tenez compte au maximum des jeux d'alliances et des éventuels revirements. Vous n'avez que deux options :

activer vos alliances ou attaquer pour désunir. Ayez à l'esprit que les alliances reposent principalement sur quatre facteurs :
— Adoptez une stratégie d'alliance pour contrer l'autre : à deux contre un, la victoire est acquise.
— Saisissez l'opportunité du moment en contractualisant un accord temporaire donnant-donnant. À Téhéran, Roosevelt décide d'accepter les exigences de Staline pour obtenir l'engagement militaire des Russes contre les Japonais. Il met ainsi son allié en minorité.
— Exigez une contrepartie : le négociateur fait valoir un lien fort de dépendance qu'il s'agit d'actualiser.
— Coopérez pour une union plus visible et durable : certes les gains ne sont pas immédiats, mais une totale coopération permet des bénéfices à long terme.

- Réitérez constamment vos demandes et si nécessaire faites pression pour les obtenir. Dans un tel jeu diplomatique, la stratégie russe s'avère payante car Staline n'exige qu'une chose, renouvelant continuellement sa demande. Sa ligne directrice est claire et sa tactique d'insistance montre sa détermination.

- Accueillez le doute comme une opportunité pour comprendre la partie adverse, acceptez les changements d'opinion et les avis contraires de vos interlocuteurs. Jamais Churchill ne tranche contre l'avis de tous ou d'une large majorité. Il échange et fait des concessions. Dans l'ultime phase de négociation à Téhéran, il n'a pas suffisamment tenu compte des nouveaux jeux d'alliance et donc de l'accord des Américains de voir aborder tous les aspects convenus lors de la négociation.

À vous...

Vous avez pris connaissance des conseils de Churchill.

Notez les deux « pépites » (idées, actions, ressentis que vous gardez précieusement pour vous, à transposer dans votre vie quotidienne professionnelle ou personnelle) venant directement de l'expérience de Churchill.

Pépite n° 1 :

....
....
....
....
....
....
....

Pépite n° 2 :

....
....
....
....
....
....
....

CHAPITRE 5

LA NÉGOCIATION MARATHON DE YALTA OU COMMENT IMAGINER ET CONSTRUIRE UN FUTUR

> « Aucun amant ne s'est jamais penché avec autant d'attention sur les caprices de sa maîtresse que je ne l'ai fait moi-même sur ceux de Franklin Roosevelt. »
>
> In Michael Dobbs, *Churchill à Yalta*.

Une guerre est plus facile à négocier qu'une paix. Jusque-là, Churchill n'avait qu'une idée : vaincre Hitler. Maintenant que l'échéance finale approche, une menace comparable se profile car Staline veut obtenir des concessions pour son engagement militaire : de nouvelles frontières pour l'URSS et le leadership sur l'Europe orientale.

En seulement huit jours, les trois futurs vainqueurs doivent modeler le visage de l'Europe d'après-guerre. À juste titre, Yalta est considérée comme la plus importante négociation du XXe siècle, moment ultime dans la carrière de Churchill.

- Comment s'est déroulée cette négociation marathon aux enjeux multiples et cruciaux, déterminants pour le devenir de plusieurs centaines de millions de personnes ?

- Comment Churchill a-t-il capitalisé sur ses difficultés et dépassé ses erreurs mises en lumière lors de la précédente négociation tripartite ?
- Alors que l'opposition est latente, comment a-t-il réussi à mener cette négociation de manière constructive ?

Analyser les rapports de force

Dans toute négociation, il y a un rapport de force et ce dernier est, à Yalta, nettement favorable aux Russes. Ces derniers ne sont plus qu'à une centaine de kilomètres de Berlin et submergent les défenses allemandes. Ils ont commencé à imposer des gouvernements dans les territoires qu'ils ont «libérés»: Estonie, Lettonie, Lituanie, Pologne, Tchécoslovaquie, Roumanie, Bulgarie et Yougoslavie. En revanche, sur le front occidental, la bataille des Ardennes en décembre 1944 a failli être une terrible défaite pour les Alliés qui continuent d'avancer, mais péniblement. Staline a donc l'avantage stratégique.

Cet avantage initial est concrétisé par le choix même du lieu, Yalta en Crimée, ancienne station balnéaire de la mer Noire située au sud de l'URSS. Churchill voulait que les négociations se déroulent à Athènes, mais Staline impose ce choix. En effet, outre la possibilité d'installer des micros et d'avoir des espions, il sait que le trajet va être pénible et fatiguant pour les délégations américaines et anglaises. Roosevelt malade va en souffrir.

L'influence des Anglais est de moins en moins importante, comme le souligne Churchill en novembre 1944 à son état-major : « Rappelez-vous toutefois que nos armées ne représentent plus que la moitié environ de celles des Américains et qu'elles tomberont bientôt à un peu moins du tiers. Tout se passe de façon amicale et loyale dans le domaine militaire en dépit de la déception éprouvée. [...] Mais il ne m'est plus aussi facile d'imposer ma volonté... »

Churchill est conscient de sa faiblesse et tente de réussir cette négociation en trouvant un compromis équitable pour tous. Il prépare bien en amont sa participation. Il sait que

pour obtenir un accord, il lui faudra faire des concessions mais il s'est imposé des objectifs et des limites :
- la liberté politique pour les peuples de l'Europe orientale et balkanique (plus particulièrement avec un seuil à ne pas franchir concernant la Pologne et la Grèce);
- une paix mesurée avec l'Allemagne;
- le retour de la France dans la diplomatie internationale.

Churchill a face à lui deux protagonistes décideurs, un adversaire et un partenaire. Cependant, selon l'évolution des discussions, les arguments présentés et les comportements adoptés, cette situation initiale peut évoluer. Le partenaire peut devenir adversaire et vice versa. Le champ de la négociation est donc ouvert et risqué.

Le Premier ministre anglais n'a pas le choix. Il lui faut anticiper les différentes étapes de la réunion, de la première minute jusqu'à la fin des débats. Il lui faut tenter de prévoir les moments clés, les anticiper ou créer des coups de théâtre !

Yalta s'annonce comme un bras de fer où les alliés dans la guerre peuvent devenir adversaires dans cette future mais encore hypothétique paix.

Définir les objectifs

Churchill ne laisse rien au hasard ou à la spontanéité d'une discussion. Il se prépare minutieusement en tentant de cerner les objectifs de Staline. Le 9 octobre 1944, Churchill se rend à Moscou pour y rencontrer le dictateur russe. La négociation est difficile car Churchill tient avant tout à maintenir la Grèce dans la sphère occidentale et protéger autant que possible la Pologne.

Il tente alors de jouer cartes sur table en griffonnant sur un bout de papier le nom des pays avec des pourcentages d'influence pour l'URSS et les pays occidentaux :
- Roumanie : Russie 90 %, les autres 10 %.
- Grèce : Grande-Bretagne (en accord avec les États-Unis) 90 %, Russie 10 %.
- Yougoslavie : 50/50 %.

- Hongrie : 50/50 %.
- Bulgarie : Russie 75 %, les autres 25 %.

Après un temps d'arrêt, Staline signifie son accord d'un trait de crayon bleu, paraphant le document. Churchill souligne que «tout fut réglé en moins de temps qu'il ne faut pour l'écrire», même s'il trouve cet accord grossier et cynique.

De lui-même, il refuse de soumettre une note plus complète «estimant que le mieux est souvent l'ennemi du bien». Finalement dans cette nouvelle phase de négociation, l'accord est obtenu rapidement car il est, pour Staline, concis et carré.

Face à l'homme froid, calculateur et égocentrique qu'est Staline, Churchill a adopté une stratégie propre à le séduire : des chiffres sur des nations, sur des hommes. Les forts, les vainqueurs imposeront leur volonté, leur choix. Ainsi à la suite de cet accord secret, la Roumanie devient soviétique (contrôlée à 90 % par l'URSS) tout comme la Bulgarie tandis que la Grèce reste dans la sphère britannique.

Cette phase de négociation reste finalement très théorique. Car sur le terrain, les événements prennent une tournure tragique. Lors de l'insurrection de Varsovie contre les Allemands (d'août à octobre 1944), Staline laisse les Polonais se faire massacrer par les nazis. De plus, il refuse toute opération de ravitaillement de Varsovie, interdisant le survol et l'atterrissage des avions britanniques. Excédé, Churchill demande à Roosevelt l'autorisation d'arrêter les convois d'armes à destination des Russes pour faire pression, mais il n'obtient de son allié qu'un refus catégorique.

En décembre 1944, les communistes organisent un coup d'État à Athènes. Churchill envoie l'armée pour soutenir le gouvernement royaliste mais les États-Unis condamnent cette intervention. Au conseiller du président américain, Churchill écrit : «Je suis extrêmement peiné de voir ces signes de nos divergences.» Pourtant Churchill persévère et chasse les insurgés de la capitale. C'est une victoire personnelle alors que le Kremlin n'a pas officiellement pris parti. Les accords de Moscou ont-ils été respectés par Staline ?

Dans cette phase préparatoire, Churchill a défini ses objectifs et organisé avec Staline des accords secrets. Il est conscient du caractère manipulateur du dictateur russe, mais veut croire à sa parole, soulignant que « de bonnes relations avec Staline sont plus importantes qu'un tracé de frontières ».

ORGANISER SA STRATÉGIE

Pour peser, Churchill doit s'allier et définir sa stratégie de négociation avec Roosevelt.

Homme de conciliation, Roosevelt fait part de sa vision à Churchill concernant les Balkans par télégramme le 11 juin 1944 : « À notre avis, il en résultera une persistance des désaccords entre vous et les Soviétiques. […] Nous pensons qu'il vaudrait mieux s'efforcer d'organiser un système de consultations pour régler les différends et restreindre la tendance à constituer des zones d'influences exclusives. »

Churchill rétorque : « Il deviendra impossible d'agir si tout le monde doit consulter tout le monde sur tous les sujets avant qu'une décision ne soit prise. […] Il faut que quelqu'un ait le pouvoir de décider et d'agir. Un comité consultatif ne constituerait qu'une source d'obstruction, toujours surmontée en cas d'urgence par des communications directes entre vous et moi, ou bien entre nous et Staline. »

Les deux visions s'opposent : collégialité mais temporisation pour Roosevelt ; décision arrêtée mais prise de risque pour Churchill.

Les discussions sont devenues de plus en plus bilatérales. Pour le cas de la Roumanie, Roosevelt adresse ainsi ce reproche : « Nous avons été troublés de constater que vous ne nous avez parlé de cette affaire qu'après avoir mis les Russes au courant. » Churchill adresse également des reproches à Roosevelt qui conclut : « Il semble que nous ayons tous deux agi unilatéralement par inadvertance, dans un sens que nous sommes maintenant d'accord pour considérer comme opportun pour le moment. Il est essentiel que nous demeurions toujours d'accord sur les questions concernant notre effort de guerre commun. »

Tout est dit dans cette formule. Les accords anglo-américains ne reposent que sur les actions armées. L'organisation territoriale et politique de l'Europe d'après-guerre n'a pas été négociée préalablement et c'est pourtant l'objet de la conférence de Yalta.

Réélu quelques mois auparavant, Roosevelt est fatigué, malade et semble se désintéresser de cette nouvelle négociation. Il n'a pas consulté les documents de synthèse mis à sa disposition. Il a même confié à Staline que «les Britanniques sont des gens curieux, qui veulent gagner sur tous les tableaux». Roosevelt défend sa propre ligne avec un triple objectif :

- obtenir l'entrée en guerre de l'URSS contre le Japon ;
- faire adhérer Staline au projet d'Organisation des Nations unies ;
- permettre l'indépendance des colonies.

Pour les États-Unis, il faut temporiser car ils ne sont pas en position de force. Ils ont toutefois confiance dans leur projet Manhattan et leur future bombe atomique. Après une telle démonstration de force, les négociations seront certainement facilitées.

Churchill veut développer une stratégie d'engagement la plus offensive possible pour gagner et obtenir le maximum de concessions. Roosevelt souhaite laisser venir les exigences russes et tenter si besoin une stratégie défensive. Parfaitement conscient de cette divergence stratégique, Churchill renonce à prendre l'initiative et ainsi à pouvoir faire front commun avec son allié en cas de prétentions extravagantes. Une fois les visions communes renforcées et l'adversaire déstabilisé, Churchill espère pouvoir lancer l'offensive et remporter la mise.

Échanger, concéder et exiger des contreparties

C'est chez lui, à Yalta que Staline attend les autres négociateurs du 4 au 11 février 1945. L'endroit est perdu au milieu de nulle part et a subi l'occupation et les destructions allemandes. Outre son aversion à quitter le sol russe, Staline espère marquer les esprits et obtenir un maximum de réparations et de compensations lors cette négociation qui se déroule sur un territoire dévasté.

Résumer Yalta à la présence et à l'action de Staline, Roosevelt et Churchill serait réducteur. Les délégations américaines et anglaises ne comprennent pas moins de sept cents membres, soit plusieurs centaines de conseillers aguerris à la haute diplomatie internationale. Toutefois sans rentrer dans les détails et pour plus de clarté, l'ensemble des négociations se concentreront sur les postures de ces trois Grands.

Les négociateurs américains et britanniques arrivent fatigués. Ils logent dans des résidences et anciens palais russes, confortables et largement pourvus de micros. Les Alliés sont méfiants et font installer en urgence 100 kilomètres de nouvelles lignes de communication.

Ces grandes négociations ne sont pas aisées. Les sujets sont nombreux et vastes : devenir de l'Allemagne vaincue, zone d'influence en Europe, entrée en guerre de l'URSS contre le Japon, création de l'ONU. Rien ne peut être planifié car les Américains ont refusé l'établissement d'un ordre du jour. Espèrent-ils temporiser par le chaos pour ne pas avoir à obtenir un mauvais accord ? La diplomatie devient dès lors affaire d'hommes et de personnalités. Chaque discussion et chaque concession peuvent remettre en cause les négociations antérieures ou compromettre celles à venir. Or il faut obtenir, à la fin, un document ratifié par tous les acteurs.

Le 4 février 1945, lorsque s'ouvre la conférence de Yalta, Staline a déjà l'Europe centrale sous sa botte. Il assume le leadership des négociations avec un objectif simple, faire reconnaître *de facto* son emprise. Il y aura huit séances plénières et une multitude de discussions et de négociations informelles.

Lors de la première séance, la question principale porte sur la défaite de l'Allemagne avec une analyse de la situation militaire. Cela débouchera sur le premier article du communiqué officiel : « Il a été procédé à un échange complet et réciproque de renseignements […] nous sommes convaincus que l'étroite collaboration des trois états-majors qui s'est réalisée durant cette conférence aura pour résultat d'abréger la guerre. Les trois états-majors continueront à se réunir à l'avenir chaque fois que la nécessité s'en fera sentir." Pour la première fois, les opérations militaires deviennent concertées. Staline accepte une première concession stratégique, l'Armée rouge libérera la Tchécoslovaquie et la Hongrie, repoussant la prise de Berlin.

Lors de la deuxième séance plénière du 5 février, Staline veut régler le problème de l'occupation de l'Allemagne, point essentiel pour lui. Il pose clairement la question : « Comment l'Allemagne sera-t-elle démembrée ? » Churchill rétorque que la « question est bien trop compliquée pour être réglée en cinq ou six jours. Il faudrait procéder à une étude très poussée des éléments historiques, ethnographiques et économiques et les soumettre à l'examen prolongé d'un comité spécial, qui reprendrait les diverses propositions et formulerait son avis sur chacune d'elles ».

Cette réponse est bien trop évasive et compliquée pour Staline. La mesure officiellement adoptée ne lui convient pas non plus, car les alliés présentent le peuple allemand comme victime du nazisme et décident que l'Allemagne ne pourra « espérer une existence convenable et une place dans le Conseil des Nations unies qu'après l'extirpation du national-socialisme et du militarisme ». C'est une mesure bien trop clémente pour Staline qui cède néanmoins une nouvelle fois.

La question des réparations est engagée par Staline. Il réclame 20 milliards de dollars, dont 50 % pour l'URSS. Conscient de l'échec du traité de Versailles en 1919, Churchill s'oppose à une telle somme. Cette question ne sera pas résolue et les Alliés décident la création d'une commission dont le siège sera à Moscou, une contrepartie pour Staline.

Roosevelt, encore en réserve, entre en scène en portant son principal dossier, celui de la future ONU. Il veut réussir là où Wilson a échoué avec la Société des Nations, dont la Russie avait été exclue sur demande de la France et du Royaume-Uni suite à l'invasion de la Finlande en décembre 1939.

La plupart des lignes directrices de cette institution ont déjà été réglées suite à la conférence de Dumbarton Oaks qui s'est déroulée du 21 août au 7 octobre 1944 à Washington. Les décideurs de Yalta sont d'accord sur le principe mais les modalités appellent de nombreuses discussions, notamment concernant les sièges du Conseil de sécurité.

Il s'agit là d'un marchandage où chaque terme est pesé, chaque concession suppose une contrepartie : les États-Unis veulent un siège permanent pour la Chine, l'Angleterre pour la France. L'URSS accepte une contrepartie en demandant d'inclure dans les membres fondateurs deux Républiques socialistes soviétiques : l'Ukraine et la Russie blanche (l'actuelle Biélorussie). Staline voulait faire reconnaître chaque république de l'URSS comme pays et donc comptant comme une voix, mais il échoue dans cette démarche et s'incline. Après tout, le droit de veto dont il dispose au sein du futur Conseil de sécurité le prévient contre toute action dirigée contre lui par la future ONU. Une conférence future est programmée pour le 25 avril 1945 à San Francisco.

Manœuvrer, s'affronter et concilier

La Pologne est le principal sujet des discussions. C'est sur ce territoire au cœur de l'Europe qu'a débuté la Seconde Guerre mondiale. Aucun pays n'a autant souffert et le problème du moment est que ce pays a deux gouvernements : un à Londres issu de la débâcle de 1939, l'autre dit « de Lublin » soutenu par les Soviétiques et exerçant le pouvoir effectif sur le territoire.

Pour les Américains, les peuples doivent librement choisir leurs gouvernants. Pour les Anglais, la Pologne est une question d'honneur, car c'est pour elle qu'ils se sont engagés dans la guerre. Pour les Russes, une question de sécurité : ils ont eu plusieurs guerres par le passé avec les Polonais et la Pologne est le lieu de passage des armées d'invasion (françaises et par deux fois allemandes).

Concernant la Pologne, les questions sont les suivantes :
- Comment former un gouvernement unique et provisoire en Pologne ?
- Comment et quand organiser des élections libres ?

- Comment fixer les frontières polonaises, tant à l'ouest qu'à l'est ?

Les affrontements sont virulents entre Staline et Churchill sur la question polonaise. Roosevelt en médiateur et arbitre est excédé et met fin à la discussion : « La Pologne n'a cessé de créer des ennuis depuis plus de cinq siècles. » Churchill réplique : « Il est d'autant plus important de faire tout notre possible pour mettre fin à ces ennuis. »

Staline refuse de rendre les territoires conquis en 1939. Mais pour pouvoir garder la mainmise soviétique sur ces territoires, Staline doit accepter de donner des compensations. Sur le point des frontières, des accords sont trouvés par des cessions de territoires allemands. Churchill cède pour ménager son interlocuteur et obtient la contrepartie exigée, la tenue « aussitôt que possible » « d'élections libres et sans contrainte sur la base du suffrage universel et du scrutin secret ». Le gouvernement provisoire soviétique reste donc le représentant principal de la Pologne mais « devrait être réorganisé sur une base démocratique plus large en y comprenant les chefs démocratiques de la Pologne elle-même et des Polonais de l'étranger ».

Roosevelt, content, déclare que les divergences entre Anglais et Russes ne sont « plus dans l'ensemble qu'une question de mots », mais Churchill sait que ces mots ont une importance vitale. Sur le papier, il gagne sa négociation.

Enfin la Déclaration sur l'Europe libérée apporte une réponse plus générale à l'instauration des futurs régimes politiques en Europe orientale et balkanique. Ce texte est proposé par Roosevelt et montre les principes censés permettre l'établissement d'un ordre mondial régi par le droit. Cette déclaration prévoit l'instauration de démocraties dans les pays libérés des nazis. Le texte stipule que chaque peuple pourra se doter du gouvernement de son choix par des élections libres et démocratiques. Pour Staline, ce texte est suffisamment vague pour être approuvé et Roosevelt se félicite d'avoir donné une tonalité morale aux accords de Yalta.

Le 11 février, *in extremis*, un accord concernant l'entrée en guerre de l'URSS contre le Japon est finalement signé.

L'URSS devait entrer en guerre trois mois après la capitulation allemande. Churchill n'est mis au courant de ces propositions que le lendemain de l'entrevue et malgré son hostilité et sa volonté de négociations, il finit par céder, craignant d'être mis à l'écart sur les affaires japonaises.

Les négociations de Yalta sont finalement plutôt ouvertes. Même si les acteurs guidés par leurs objectifs initiaux ne se font pas confiance, la recherche de compromis, de concessions, de contreparties est continuelle. La clé des négociations est de cerner les différents points de vue et de réduire au maximum l'écart entre les négociateurs. Tous ont intérêt à un équilibre, instaurant un rapport gagnant-gagnant.

Conclure et concrétiser l'accord

À l'issue de la conférence, le 12 février 1945, un communiqué est publié, mais il ne concerne qu'une partie des accords conclus entre les trois dirigeants, soit quelques points du procès-verbal intégral de la conférence. Le reste est tenu secret pour des raisons diplomatiques et stratégiques.

Quelles ont été finalement les postures des uns et des autres et qu'est-ce qui a permis les avancées diplomatiques? Incontestablement, Churchill reste le moteur de la négociation grâce à son énergie et malgré la diminution de son influence. Si Roosevelt est malade, il ne perd pas de vue l'objectif américain: conclure la guerre et se désengager de l'échiquier européen. Il veut aboutir à un compromis pour l'Europe et à de grandes décisions mondiales, dont la future Organisation des Nations unies (ONU). Staline qui finalement apparaissait ferme et inébranlable sur ses exigences, accepte finalement de nombreux arrangements.

Les États-Unis et l'URSS se réjouissent de ces négociations fructueuses. L'enthousiasme est plus nuancé pour Churchill. Il a certes réussi à peser et à faire adopter ses résolutions, mais il a en mémoire l'échec de Versailles et il est conscient de l'absence de contrôle dans l'exécution des mesures. Le grand absent, Charles de Gaulle, dénonce le manque de précision sur le cas polonais et perçoit immédiatement la naïveté de la déclaration sur l'Europe libérée. Il exprime ce que pense Churchill.

Finalement les accords contractés à Yalta ne dépendent que de la bonne volonté de Staline à les appliquer puisqu'ils concernent essentiellement les territoires sous son emprise. Contractuellement, Churchill est vainqueur pour avoir obtenu les concessions suivantes :
- Pour la Pologne, l'acceptation de nouvelles frontières entérinant l'invasion russe, mais le gouvernement pro-soviétique n'est pas reconnu comme autorité légitime.
- L'Allemagne est divisée en quatre zones d'occupation dont un territoire sous administration française.
- Dans les pays balkaniques et d'Europe centrale, des élections libres et démocratiques seront à organiser.
- La France pourra siéger à la Commission de contrôle interalliée.

Dès lors, Churchill va tout faire pour que les principes de Yalta soient suivis de faits.

Les opérations militaires se poursuivent. Alors que les troupes du général Eisenhower progressent en Allemagne, ce dernier se détourne de Berlin. Churchill est scandalisé par cette erreur plus psychologique et politique que stratégique. Il en informe Roosevelt qui répond : « Je suis enclin à minimiser autant que possible l'ensemble des problèmes soviétiques, parce que ces problèmes ont tendance à se poser chaque jour sous une forme ou une autre, et la plupart finisse par s'arranger tout seuls. »

Les Allemands tentent de négocier séparément, soit avec les Anglais et les Américains, soit avec les Russes. Mais la capitulation est exigée sans condition, une reddition inconditionnelle et totale valant pour l'ensemble de l'Europe. Avec la disparition d'Hitler, la fin du Reich est signée le 8 mai à Reims avec ratification officielle le 9 mai à Berlin.

Le 17 juillet à Postdam, Staline, vainqueur, réclame toujours plus. Entre-temps, Roosevelt est mort. Mais les Américains ont une nouvelle arme, au sens propre cette fois, la bombe atomique. Les futures négociations seront certainement plus favorables car les Américains n'ont plus besoin des Russes dans leur guerre contre le Japon.

En aparté, Truman annonce à Staline sa possession d'une bombe nouvelle, «d'une puissance extraordinaire» et «susceptible d'exercer un effet décisif sur toute la guerre contre le Japon!». Staline est fasciné par cette nouvelle mais nullement impressionné par le joker américain. Une nouvelle fois, il se joue de ses interlocuteurs.

À Postdam, Churchill ne peut plus rien. Il n'a pas noué de relations personnelles avec le nouveau président américain Harry Truman. Il est en train de perdre les élections anglaises et n'est donc plus représentatif de sa nation. Il accepte de mettre fins à ses exigences sur la Pologne mais réussit *in extremis* à imposer la présence des Français aux futures négociations.

Le 25 juillet, le parti conservateur de Churchill perd les élections et ce dernier rend les clés du 10 Downing Street. Attlee reprend les négociations de Postdam pour le camp anglais. Dans cette ultime phase de négociation, Churchill ne peut entériner les résultats acquis à Yalta.

LES BONS CONSEILS DE CHURCHILL...
pour entreprendre et mener une négociation constructive

- Assumez ou ne pas assumez le leadership d'une négociation est une décision stratégique. En acceptant la tenue de la conférence à Yalta, Churchill donne la conduite des négociations à Staline. Un tel choix n'est certes pas déterminant, mais constitue un précieux atout. En revanche, en voulant s'imposer à tout prix, Churchill aurait mis en péril l'ensemble du processus de négociations.

- Mettez-vous à la place de vos partenaires et adversaires pour imaginer leurs objectifs, ainsi vous pourrez plus facilement les confronter aux vôtres. Par un premier dialogue direct avec Staline et sa proposition de découper l'Europe en zones d'influences, Churchill a compris les motivations stratégiques de Staline et les leviers pour le convaincre. Staline veut des gains territoriaux, des compensations financières et contrôler l'essentiel de l'Europe de l'Est. Pour le convaincre, il lui faut des données factuelles.

- Menez une négociation constructive en vous fondant sur le modèle 3C : consulter, confronter, concrétiser.

    — La consultation est la période exploratoire dans laquelle vous établissez le contact, questionnez vos interlocuteurs, clarifiez la situation, explorez les divergences et reformulez ensemble les objectifs ;

    — La confrontation est le point culminant de la relation de négociation, le moment où toutes les cartes sont abattues. Le rapport de force apparaît clairement : les arguments fusent et le ton monte. Dans cette phase, il est nécessaire de faire de la régulation pour éviter que les émotions ne prennent le pas sur la recherche rationnelle d'une solution ;

— La concrétisation est le moment du bilan où tous les écarts se réduisent afin de renforcer les points d'accord. Les compromis ont été trouvés pour aboutir à une solution acceptable et accepté par tous les négociateurs. Dans cette phase un contrat ou un traité est rédigé, signé, mis en application et respecté par les protagonistes.

- Garantissez le respect de tous les engagements pris lors d'une négociation en contractualisant par écrit et en évitant tout terme imprécis ou sujet à interprétation. Si vous ne pouvez en assurer l'exécution, il faut organiser la transmission du dossier en rapportant le cadre, la personnalité des protagonistes, les dits et éventuels non-dits.

À vous...

Vous avez pris connaissance des conseils de Churchill.

Notez les deux « pépites » (idées, actions, ressentis que vous gardez précieusement pour vous, à transposer dans votre vie quotidienne professionnelle ou personnelle) venant directement de l'expérience de Churchill.

Pépite n° 1 :

Pépite n° 2 :

CHAPITRE 6
L'ART DE NÉGOCIER AVEC DES PERSONNALITÉS COMPLEXES

« Regardez-moi! Je suis le chef d'une nation forte
et invaincue. Et pourtant, tous les matins au réveil,
je commence par me demander comment plaire
au président Roosevelt, et ensuite comment me concilier
le maréchal Staline ».

CHURCHILL à de Gaulle, janvier 1944.

Les alliés principaux de Churchill, Staline, Roosevelt et de Gaulle, ont des personnalités, des sensibilités et des objectifs bien différents. Négocier avec ces trois Grands au quotidien, lors de réunions bilatérales ou de grandes conférences internationales, requiert méthodes et talents dont nous allons vous donner quelques clés.

- Comment Churchill va-t-il gérer au quotidien le tumultueux et fin politique qu'est de Gaulle?
- Comment va-t-il se concilier le terrible manipulateur qu'est Staline?
- Comment va-t-il plaire au stratège Roosevelt?

DE GAULLE : UNE MISE SOUS PRESSION

Les négociations entre de Gaulle et Churchill sont celles de deux fortes personnalités aux nombreux points communs : visions, valeurs et sens de l'histoire. Ils ont la même lucidité et la même obstination passionnée.

Pour comprendre de Gaulle, il faut s'intéresser à son éducation et à l'expérience acquise dans le tumulte de la Seconde Guerre mondiale.

Issu d'une famille monarchiste et cléricale, de Gaulle suit sa scolarité chez les jésuites. Il est doué, intelligent, passionné notamment par l'histoire. Élève de Saint-Cyr, il en sort officier. Fin stratège, il prône l'action offensive des chars de combat. Colonel, il réussit quelques actions d'éclat contre les Allemands ; il est promu général puis désigné sous-secrétaire d'État à la Guerre et à la Défense nationale. En pleine défaite française, il choisit Londres pour poursuivre la lutte.

De Gaulle apparaît donc comme un conservateur idéaliste. Il a un caractère autoritaire, entier, les amitiés franches mais souvent distantes. L'homme est égocentrique et croit, comme Churchill, à sa destinée. Il est impossible de diriger de Gaulle, difficile de l'influencer car s'il croit en lui, il donne rarement sa confiance : il ne fonctionne qu'aux faits et non aux paroles.

De Gaulle est un homme d'action. Il écrit dans ses *Mémoires* : « Il me fallait passer du spéculatif au positif et apporter un plan susceptible de changer du tout au tout la situation de la nation menacée. Il me fallait donner à ce projet une âme et une figure, c'est-à-dire m'y incorporer. Comme il y avait toute chance que l'affaire eût, un jour ou l'autre, les plus vastes conséquences quant au salut ou à la défaite de la France, il me fallait me préparer à entrer dans les temps des ruptures. »

De Gaulle, en 1940, a cinquante ans ; c'est un illustre inconnu. Churchill s'est engagé à le soutenir en le reconnaissant comme chef des Français libres. À l'automne 1942, les désaccords sont nombreux entre de Gaulle et Churchill au sujet du Levant et de Madagascar. Churchill va devoir mettre son allié sous pression, équilibrant la relation entre flexibilité et fermeté.

Lors de l'opération «Torch» (débarquement dans les colonies françaises d'Afrique du Nord), Roosevelt réclame le retrait de la France libre du général de Gaulle pour éviter un affrontement avec les gouverneurs favorables à Vichy. Face à cette demande impérative de son allié, Churchill obtempère et cherche un nouvel interlocuteur consensuel : le général Giraud.

Les forces américaines débarquent le 8 novembre 1942 à Alger, capturent l'amiral Darlan, représentant officiel de Vichy et commencent à négocier unilatéralement avec lui. En échange d'un cessez-le-feu en Algérie et au Maroc, Darlan pourra exercer le pouvoir en Afrique du Nord au nom du maréchal Pétain.

Autant pour Giraud, c'est acceptable, autant Churchill fulmine : «Darlan devrait être fusillé.» En effet, Darlan a largement collaboré avec les Allemands, déclarant six mois plus tôt : «Un jour viendra où l'Angleterre paiera.» Il s'agit d'une décision politique et sur le terrain Eisenhower répond : «Je ne suis qu'un soldat. Je ne comprends rien à la diplomatie.» Pour Roosevelt, la solution n'est, de toute façon, que temporaire et Churchill se range à la décision de son allié. De Gaulle est furieux de même qu'une large partie de l'opinion publique anglaise.

Churchill commence à se rapprocher de Darlan tandis que les résistants français soutiennent de Gaulle. L'assassinat de Darlan à la veille de Noël 1942 permet de clore cette redoutable négociation de l'ombre. Churchill ajoute : «Le meurtre de Darlan, si criminel soit-il, a épargné aux Alliés l'embarras d'avoir à poursuivre leur coopération avec lui.» Il reste dès lors Giraud et de Gaulle, deux interlocuteurs français que tout oppose. Churchill va tenter de jouer le rôle de médiateur dans cet affrontement d'*ego*.

Lors de la conférence de Casablanca en janvier 1943, Roosevelt et Churchill invitent Giraud et de Gaulle. De Gaulle refuse d'abord de venir. D'où vient le blocage? Certes les deux hommes ont des visions bien divergentes mais, surtout, ils ne peuvent se supporter et donc travailler ensemble.

Face à cette intransigeance, Churchill menace de Gaulle de paralyser les activités françaises libres en Grande-Bretagne et de ne plus reconnaître que le seul Giraud comme chef des Français au combat. Contraint, de Gaulle obtempère.

À Casablanca, les négociations sont officielles puis officieuses. En fait, les décisions sont souvent prises la nuit lors de cocktails sans fin et de parties de bésigue. L'ambiance est détendue et le consul Robert Murphy note que Roosevelt a l'humeur «d'un écolier en vacances», proposant de «marier» Giraud à de Gaulle.

Les Américains poursuivent leur pression contre de Gaulle et Churchill télégraphie le 21 mai 1943 à son cabinet de guerre: «Je demande à mes collègues d'examiner d'urgence la question de savoir si nous ne devrions pas dès maintenant éliminer de Gaulle en tant que force politique. […] Lorsque je considère l'intérêt absolument vital que représente pour nous le maintien de bonnes relations avec les États-Unis, il me semble qu'on ne peut vraiment pas laisser ce gaffeur et cet empêcheur de tourner en rond poursuivre ses néfastes activités.»

Finalement un consensus s'opère et Giraud et de Gaulle deviennent coprésidents du nouveau Comité français de Libération nationale. Mais cette entente ne dure pas. Il y a d'autres problèmes que ceux d'Afrique du Nord. En effet, se pose la question de savoir qui, lors de la reconquête de la France, va administrer les territoires libérés et comment. Roosevelt propose un gouvernement militaire et Churchill refuse de le contredire en faveur de de Gaulle.

À la veille du Débarquement, le général de Gaulle s'emporte: «Je note que les gouvernements de Washington et de Londres ont pris leurs dispositions pour se passer d'un accord avec nous […] Je m'attends à ce que demain, le général Eisenhower, sur instruction du président des États-Unis et d'accord avec vous-même, proclame qu'il prend la France sous son autorité. Comment voulez-vous que nous traitions sur ces bases?»

Énervé également, Churchill rétorque sans aucune ambiguïté: «Aucune querelle n'éclatera jamais entre la Grande-Bretagne et les États-Unis du fait de la France. […] Sachez-le! Chaque fois qu'il nous faudra choisir entre l'Europe et le grand large, nous serons toujours pour le grand large. Chaque fois qu'il me faudra choisir entre vous et Roosevelt, je choisirai toujours Roosevelt!»

À Yalta, Churchill, réaliste et pas rancunier, soutient la France dans son futur rôle international. En effet, les Américains ont annoncé vouloir se retirer le plus vite possible d'Europe et Churchill a besoin d'un allié fort contre les Russes. Il obtient donc deux concessions majeures : la France pourra siéger à la Commission de contrôle interalliée et elle aura sous son administration une partie de l'Allemagne.

Dans le premier tome de ses *Mémoires de guerre*, de Gaulle note à propos de son vieil et difficile allié : « En dépit des incidents rudes et pénibles qui se produisirent à maintes reprises entre nous, en raison des frictions de nos deux caractères, de l'opposition de certains intérêts de nos pays respectifs, Winston Churchill m'apparut d'un bout à l'autre du drame comme le grand champion d'une grande entreprise et le grand artiste d'une grande histoire. »

Malgré les situations conflictuelles et les mises sous pression continuelles, les négociations entre les deux hommes ont été fructueuses sur le long terme. Refusant souvent de transiger, ils en sont sortis personnellement tous les deux vainqueurs.

STALINE : UN DUEL PSYCHOLOGIQUE

Tout sépare Staline de Churchill, le fils de cordonnier géorgien et l'aristocrate britannique.

Le profil de Staline est atypique, à la fois séminariste, avant de devenir athée, révolutionnaire, agitateur et bandit. Avec la Révolution bolchevique, il devient un exécutant dévoué de l'appareil communiste, gravissant un à un les échelons du pouvoir.

Génie de l'intrigue souterraine, il élimine ses adversaires les uns après les autres, s'alliant avec les ennemis d'hier pour faire tomber un allié de la veille. Il prend le pouvoir en 1929, écartant définitivement toute opposition interne lors de procès publics ou d'exécutions sommaires. Brutal, il fait preuve en toutes circonstances de sang-froid. Intelligent, perspicace, épris d'histoire et de littérature, calculateur, séducteur, Staline cache, sous son apparence de gentil «bonhomme», un habile manipulateur capable de tout pour arriver à ses fins.

La tension est extrême entre les deux hommes. Staline pense que Churchill souhaite la destruction de l'Allemagne et de l'URSS. Pour sa part, Churchill a peur d'un nouveau pacte germano-soviétique, d'un nouveau marché entre dictateurs. Il veut également éviter, à l'issue du conflit, une URSS forte et conquérante, capable de contrôler toute l'Europe. C'est donc un véritable duel psychologique qui s'engage entre Staline et Churchill, marqué par la duplicité et la manipulation.

Il est vrai que la situation est tendue entre les deux alliés de circonstance. On rapporte l'anecdote suivante : au début de la relation anglo-russe, un *royal marine* visite Moscou. Le guide russe raconte : «Voici l'hôtel Éden, naguère hôtel Ribbentrop. Voici la rue Churchill naguère rue Hitler. Ceci, c'est la gare Beaverbrook, naguère gare Göring. Veux-tu une cigarette, camarade?» Et le soldat britannique de répliquer : «Merci, camarade naguère salopard!»

Churchill mise sur la relation personnelle, seule susceptible de briser les clivages. Staline trouve chez le vieux lord anglais un interlocuteur privilégié. Le dictateur apprécie les négociations un verre à la main et les *challengers* aussi bons buveurs que lui. Le contact est franc et Staline n'hésite pas à de nombreuses reprises à déstabiliser son interlocuteur.

Le 30 novembre 1943, en plein sommet de Téhéran et alors que les dirigeants sont invités à porter un toast en l'honneur de l'anniversaire de Churchill, Staline accuse le premier ministre de ne pas avoir «témoigné de véritables sentiments d'amitié à l'Armée rouge». Churchill note : «J'ai été extrêmement surpris par ces accusations, car je ne voyais pas sur quoi elles pouvaient reposer. Mais je connaissais déjà suffisamment Staline pour savoir que si je laissais passer ces insultes sans répondre, je perdrais toute considération, et qu'il reprendrait ses attaques par la suite.»

Dans sa réponse exemplaire, Churchill montre qu'il a bien compris la stratégie de négociation de Staline : «Je suis surpris que vous ayez jugé nécessaire de porter contre moi des accusations si dépourvues de fondement. Vous vous souviendrez sans doute des paroles que j'ai prononcées ce matin alors que nous évoquions la question des plans de camouflages: "À la guerre, la vérité doit avoir une escorte de mensonges." Vous vous souviendrez également de nous avoir dit que, dans toutes vos grandes offensives, vous cachiez toujours soigneusement vos véritables intentions au monde extérieur. Vous nous avez dit que vos chars et vos avions factices étaient toujours massés sur les fronts ne présentant pas d'intérêt immédiat, tandis que vos véritables projets exacts étaient dissimulés derrière l'écran du plus profond secret. Eh bien! Monsieur le maréchal, vous vous êtes laissé tromper par des chars et des avions factices, qui vous ont empêché de voir les sentiments de profonde amitié que j'ai pour l'Armée rouge, et ceux de véritable camaraderie que j'éprouve pour tous ses soldats.»

Staline n'est nullement fâché d'être ainsi contré. Sa tactique de déstabilisation lui permet surtout de cerner la personnalité de ses interlocuteurs. Il se tourne alors vers Churchill et ajoute: «Cet homme me plaît. Il sonne vrai.»

Lors du discours de Fulton le 5 mars 1946 et alors qu'il annonce le «rideau de fer» sur l'Europe de l'Est et la nécessité de créer une nouvelle Europe, Churchill résume ainsi sa vision des négociations avec les Russes: «Ce que j'ai pu voir chez nos amis et alliés russes pendant la guerre, m'a convaincu qu'il n'y a rien qu'ils admirent autant que la force et rien qu'ils respectent moins que la faiblesse, surtout la faiblesse militaire.»

Manipulateur, Staline fonctionne au rapport de force et toutes les négociations vont fonctionner sur ce modèle. Churchill a continué de peser par la seule force de son caractère et le poids des alliances nouées avec les Américains.

ROOSEVELT : LE FAUX BON AMI

Naturellement, il existe de nombreux points communs dans les positions anglaises et américaines, entre ces deux démocraties qui partagent une langue commune. Pourtant l'ancienne colonie suit depuis longtemps son propre chemin et ses objectifs sur le long terme divergent, tout comme la personnalité de ses deux dirigeants.

Élevé dans la haute aristocratie new-yorkaise, Franklin Delano Roosevelt suit des études juridiques, devient avocat puis se tourne vers la politique. Il y obtient un succès immédiat avant une longue traversée du désert. Gouverneur de New York en 1929, il gagne sous l'étiquette démocrate les élections présidentielles de 1932, 1936, 1940 et 1944, victoires inégalées et inégalables aux États-Unis.

Roosevelt est un optimiste, alors même qu'il est partiellement paralysé depuis l'âge de trente-neuf ans. Il se déplace au mieux avec des attelles et une canne, sinon en fauteuil roulant. L'homme est charismatique, intuitif et clairvoyant. Charmeur, éloquent, Roosevelt est un excellent communiquant, maîtrisant parfaitement son image et sa parole, aussi bien dans la presse, à la radio qu'avec la toute jeune télévision.

À son entourage proche, Roosevelt révèle d'autres traits de caractère. Il est impénétrable, insaisissable et impossible à cerner tout comme le note l'un de ses plus proches conseillers, Henry Lewis Stimson. Son secrétaire à l'Intérieur, Harold Ickes lui adresse un jour ce reproche : « Vous êtes quelqu'un de merveilleux, mais vous êtes un homme avec lequel il est difficile de travailler. […] Vous ne parlez jamais franchement même avec les gens qui vous sont dévoués et dont vous connaissez la loyauté. » Avec une telle réserve, il semble difficile de négocier avec Roosevelt, décidément fin politique.

Le 11 septembre 1939, alors que Churchill vient juste d'être nommé ministre de la Marine, il reçoit de Roosevelt un télégramme : « Je serais heureux qu'à tout moment, vous m'informiez personnellement de tout ce que vous souhaiteriez que je sache. » Le dialogue avec le président américain sera suivi et pourtant Roosevelt n'a aucune sympathie pour le lord anglais.

Si Roosevelt considère Churchill comme l'homme de la situation, il le perçoit comme un ivrogne avec des *a priori* très négatifs et ce depuis plus de vingt ans. Pourtant les deux dirigeants ne se sont rencontrés qu'une fois, lors de la Première Guerre mondiale, en 1918. Alors secrétaire adjoint à la Marine, Roosevelt le décrit comme une « peau de vache qui regarde tout le monde de haut ». Le passif est bien lourd.

Les premières négociations entre les deux hommes débutent lors de l'invasion de la France. Churchill réclame le prêt de cinquante destroyers américains. Cette première requête est refusée. Mais après la déclaration de guerre de l'Italie le 10 juin 1940, la situation se retourne et Roosevelt fait savoir qu'il fournira tout le matériel nécessaire «aux adversaires de l'envahisseur». Avec la défaite française, l'aide américaine pourtant promise n'arrive pas.

La relation Churchill-Roosevelt va être une éprouvante guerre des nerfs. Dans le rapport de force, l'avantage a toujours été du côté de Roosevelt. Churchill a besoin de l'aide américaine alors que ce dernier peut largement temporiser son action. Il apprend à plusieurs reprises, et à ses dépens, que les paroles adressées par Roosevelt ne sont pas toujours suivies de mesures concrètes.

Certes, le président américain ne peut pas déclarer la guerre; celle-ci doit être votée par le Congrès. Roosevelt ne négocie jamais sans contreparties. Lorsque finalement, Roosevelt livre à la Royal Navy les cinquante destroyers en septembre 1940, il reçoit des concessions à long terme sur des bases dans des colonies britanniques. La fameuse loi prêt-bail est également marchandée contre, notamment, la fin de barrières douanières du Commonwealth.

Dans les longues et difficiles négociations avec Roosevelt, Churchill mise sur la séduction et sur le développement de relations personnelles. Mais sous une apparente cordialité, la relation est restée froide et Roosevelt n'a jamais perdu de vue les intérêts des États-Unis et sa vision du monde d'après-guerre.

Quelles sont fondamentalement les divergences? Roosevelt aurait certainement préféré rester l'«arsenal des démocraties», fournissant du matériel de guerre à l'Angleterre, à la Russie et à la Chine, mais sans engager directement ses soldats. En cela, il suit l'une des premières exigences de Churchill: «Donnez-nous les outils et nous finirons le travail.» L'attaque du Japon a forcé la main de Roosevelt.

Roosevelt fustige l'impérialisme européen et le colonialisme, qu'il considère d'un autre temps. Churchill a certes évolué sur de nombreuses questions, mais il entend défendre l'empire britannique. En bon camarade, Roosevelt apprécie l'humour de Churchill, mais il se méfie de ses préjugés et de son impulsivité. Il déteste également son cynisme. Interrogé le 1er septembre 1943 par une journaliste du *New York Herald Tribune* à propos du sort des Indiens, Churchill répond : «Avant toute chose, Madame, il nous faut éclaircir un point : est-ce que nous parlons des Indiens bruns de l'Inde, qui ont grandement prospéré et se sont vertigineusement multipliés sous l'administration bienveillante de la Grande-Bretagne? Ou bien est-ce que nous parlons des Indiens rouges d'Amérique, dont je crois savoir qu'ils sont en bonne voie d'extinction?»

Dans les phases de négociation, Roosevelt ne joue pas cartes sur table et procède à d'incessants atermoiements. Ainsi, après l'attaque de Pearl Harbor, il ne déclare pas la guerre à l'Allemagne, pourtant alliée du Japon. C'est Hitler qui la proclame, quatre jours plus tard. Dans les relations trilatérales, Roosevelt n'hésite pas à soutenir les exigences russes contre celles de son allié historique. Churchill perçoit cette attitude comme un revirement alors que la stratégie est plus globale et met toujours en avant l'intérêt supérieur des États-Unis, à court, moyen ou long terme.

Face à cet interlocuteur, Churchill doit rester méfiant et anticiper ses décisions en se mettant à la place de l'autre. Quels seraient ses choix dans la posture de Roosevelt? Séduire ne suffit pas et il convient d'aborder les négociations de manière stratégique, en préparant toujours des contreparties acceptables.

FINALEMENT, CHURCHILL EST-IL UN BON NÉGOCIATEUR?

Pour bien négocier, il faut être simultanément ou à tour de rôle : conciliateur, pédagogue, confident, courtier, interprète, arbitre, animateur, rédacteur, modérateur. Churchill est un négociateur performant car il a eu la capacité d'adapter ses comportements de négociation tout en restant lui-même.

Le problème numéro 1 de Churchill est qu'il tente de tout négocier en même temps, embrouillant parfois ses interlocuteurs. Ainsi le 12 mai 1943 et alors que les Américains veulent commencer l'opération Overlord, il lance des projets d'offensives divers : invasion des Balkans, de l'Italie et de la Norvège... Il devient rapidement conscient de ses faiblesses dans les rapports de forces et se consacre dès lors à faciliter les relations.

C'est ainsi qu'il présente ses négociations au général de Gaulle, le 11 novembre 1944 : « Les Américains ont d'immenses ressources. Ils ne les emploient pas toujours à bon escient. J'essaie de les éclairer, sans oublier, naturellement, d'être utile à mon pays. J'ai noué avec Roosevelt des relations personnelles étroites. Avec lui, je procède par suggestions, afin de diriger les choses dans le sens voulu. Pour la Russie, c'est un gros animal qui a eu faim très longtemps. Il n'est pas possible aujourd'hui de l'empêcher de manger, d'autant plus qu'il est parvenu au milieu du troupeau des victimes. Mais il s'agit qu'il ne mange pas tout. Je tâche de modérer Staline. [...] Je suis présent à toutes les affaires, ne consens à rien pour rien, et touche quelques dividendes. »

Imposer à de Gaulle, suggérer à Roosevelt et modérer Staline sont donc les trois clés des négociations entreprises par Churchill.

Les différentes approches de négociation ne sont pas seulement affaires de personnes, mais aussi d'intérêts nationaux et de cultures. Les Anglais, les Américains et les Russes ont fondamentalement des visions différentes : les Anglais sont patients, jouant coup après coup ; les Américains sont impulsifs et veulent aller le plus rapidement possible ; les Russes pratiquent le tout pour le tout, en prenant des risques.

Une négociation ne se borne pas seulement à des données, mais il convient également de réfléchir au fonctionnement culturel et psychologique de ses interlocuteurs.

Les bons conseils de Churchill…
pour s'adapter aux différents interlocuteurs

Charles de Gaulle

Face à une personnalité telle que de Gaulle
- Peu enclin à l'empathie.
- Posture rigide, orienté sur un ou deux aspects clés.
- Hauteur d'esprit et vision à long terme, rapide dans son analyse.

Quelles sont les clés de la négociation ?
- Annoncez clairement vos objectifs et les limites sur lesquelles vous refusez de transiger.
- Tentez de le convaincre par des arguments objectifs suivis rapidement de faits.
- Présentez le rapport de force, vos atouts, vos faiblesses et n'hésitez pas à imposer vos choix.

Les atouts pour garder le cap
Concentrez chaque moment de négociation autour d'un unique objectif, essentiel pour vous.

Joseph Staline

Face à une personnalité telle que Staline
- Brutal et retors, fonctionnant aux rapports de force.
- Autoritaire et jamais contredit par son entourage.
- Ayant une vision globale, calculateur et faisant appel à son intuition dans les face-à-face.

Quelles sont les clés de la négociation ?
- Évitez toute polémique, gage de perte de temps et de tensions.
- Présentez des arguments factuels, le rapport de force, les gains et pertes potentiels. En cas de demandes extravagantes, n'hésitez pas à menacer votre interlocuteur de rompre les négociations.
- Laissez ouvert le champ des négociations. « Ce qui est à moi est à moi, ce qui est à vous est négociable. » Cette citation attribuée à Staline n'est qu'une manipulation car durant la Seconde Guerre mondiale, les

négociations ont toujours été plus ouvertes qu'elles ne paraissaient. L'URSS a besoin de l'aide matérielle américaine et de l'ouverture d'un second front.

Les atouts pour garder le cap
Restez centré sur votre interlocuteur, n'hésitez pas à le flatter et à le contrer. Votre caractère reste déterminant dans une phase de négociation si compétitive et vous permettra d'imposer votre vision et de modérer les exigences adverses.

Franklin Delano Roosevelt

Face à une personnalité telle que Roosevelt
- Charismatique, clairvoyant et charmeur.
- Impénétrable, difficile à cerner.
- Centré sur les intérêts américains et misant sur son futur leadership mondial.

Quelles sont les clés de la négociation ?
- Avancez « pas à pas » avec des arguments objectifs sans perdre de vue « l'intérêt supérieur » qui guide votre interlocuteur.
- Méfiez-vous du double jeu et des accords gagnant-gagnant sur lesquels vous gagnez à court terme et l'autre à long terme.
- Anticiper les atermoiements, les contradictions et les revirements sans en être personnellement affecté. Si les sentiments peuvent rentrer dans les négociations, ces dernières sont guidées par les intérêts contradictoires sur lesquels vous ne pouvez avoir aucune prise. Sans pouvoir à aucun moment imposer vos choix, n'hésitez pas à suggérer les meilleures solutions.

Les atouts pour garder le cap
- Face à un rapport de force nettement à votre désavantage, tentez plutôt d'influencer que d'imposer.
- Garantissez le respect de tous les engagements pris lors d'une négociation en contractualisant par écrit et en évitant tout terme imprécis ou sujet à interprétation. Si vous ne pouvez en assurer l'exécution, il faut organiser la transmission du dossier en rapportant le cadre, la personnalité des protagonistes, les dits et éventuels non-dits.

À vous...

Vous avez pris connaissance des conseils de Churchill.

Notez les deux « pépites » (idées, actions, ressentis que vous gardez précieusement pour vous, à transposer dans votre vie quotidienne professionnelle ou personnelle) venant directement de l'expérience de Churchill.

Pépite n° 1 :

....
....
....
....
....
....
....
....

Pépite n° 2 :

....
....
....
....
....
....
....
....

CHURCHILL, UN EXEMPLE DANS LE PILOTAGE DE NÉGOCIATION COMPLEXE

> « Dans la guerre : Résolution
> Dans la défaite : Intransigeance
> Dans la victoire : Magnanimité
> Dans la paix : Bonne volonté »
>
> Winston CHURCHILL.

Au-delà d'une personnalité riche et inspirante, l'histoire de Churchill peut servir de modèle à de nombreux leaders et managers décidés à remettre en cause ou à affiner leurs méthodes de négociation. Lors de conférences ou de formations, ils apprennent, grâce à des exemples, les nombreux rouages et l'art subtil de la négociation.

La Seconde Guerre mondiale est une période riche en événements, pendant laquelle Churchill va devoir développer une stratégie d'ensemble, mais aussi apporter des réponses au coup par coup : les remises en cause sont permanentes, les décisions risquées, couronnées de succès ou fatidiques.

Une fois au sein de l'entreprise, quelles transpositions peut-on faire entre le négociateur Churchill et le manager ? Quels sont les ingrédients de cette réussite, dont chacun pourrait s'inspirer pour agir et mettre en pratique les «bons conseils» du Premier ministre?

Ces éléments ne sont pas les seuls car cette histoire vous a certainement inspiré d'autres idées et de nouvelles pratiques. Pour compléter vos expériences personnelles, voici quelques exemples concrets autour de la question «Comment optimiser son comportement dans une négociation?».

Développer une stratégie efficace de négociation

Un responsable commercial n'a jamais réussi à obtenir le moindre rabais sur un produit, et ce malgré les quantités importantes commandées par son entreprise. Les possibilités d'avoir un devis concurrentiel sont limitées du fait de la rareté de l'offre et le produit est essentiel dans le processus de production.

Interpellé par la capacité de Churchill à séduire ses interlocuteurs et à nouer des liens personnels, le responsable commercial décide de repenser la relation. À l'occasion d'un de ses déplacements, il invite à déjeuner son interlocuteur responsable des ventes et décide de n'aborder à aucun moment les négociations en cours ou celles à venir. Il se concentre sur la relation et non sur l'objectif final.

D'abord déstabilisés par un rendez-vous où les questions professionnelles sont absentes – alors que d'ordinaire chaque échange donne lieu à une étude de dossiers – les deux hommes échangent de manière cordiale, rapidement amicale, se trouvant une passion commune pour le basket.

Par la suite, les échanges cordiaux amènent une renégociation des tarifs à l'avantage du premier, des volumes à l'avantage du second. La traditionnelle bouteille de champagne offerte à l'occasion des cadeaux de fin d'année est rapidement remplacée par deux places pour une démonstration de la NBA à Bercy.

La relation commerciale est depuis grandement facilitée entre les deux hommes, grâce à cette rencontre et à ces marques continuelles de sympathie.

Garder de la distance face aux échecs commerciaux

Plusieurs dizaines de téléopérateurs sont réunis pour le lancement d'un nouveau produit. Le directeur général a organisé une conférence autour du débarquement et du long processus de sa négociation. L'idée du commanditaire est de lancer son offensive commerciale, reprenant le célèbre *Ok, let's go !* d'Eisenhower.

À la fin de l'intervention, une question est posée autour de la relation particulière Churchill/Roosevelt et notamment les nombreux revirements du président américain. Comment Churchill, plutôt sanguin et enclin à la dépression, a-t-il encaissé tous ces coups et pourquoi n'a-t-il finalement pas abandonné ?

En guise de réponse, le conférencier évoque que même si Churchill était volontaire et déterminé, il avait une vision suffisamment large de l'histoire et de la géopolitique pour comprendre que certaines décisions n'étaient pas dirigées contre lui, mais répondaient à des objectifs à long terme sur lesquels il n'avait aucune prise. Pour Churchill, il s'agissait surtout d'obtenir un consensus, une solution médiane acceptable par l'ensemble des belligérants.

À la suite de la réponse apportée et à l'occasion du buffet, une discussion plus libre s'ouvre entre le consultant et le téléopérateur. Ce dernier vit très mal les nombreuses objections, le ton qui monte ou l'indifférence. Il vit personnellement chaque échec, paralysant dès lors son dynamisme, annihilant sa motivation. Il comprend qu'il lui faut prendre de la distance face à son émotivité mais comment ?

Invité à travailler avec un coach, il a en partie quitté son appréhension de l'échec et a amélioré ses performances commerciales.

OSER RISQUER, NÉGOCIER ET AGIR, SURTOUT EN SITUATION DIFFICILE

À l'occasion d'une intervention pour un groupement de PME, un directeur d'entreprise interpelle le formateur sur les comportements adéquats à adopter dans une négociation.

Il vient de perdre son principal marché suite à l'échec des négociations avec son client historique de la grande distribution. Déjà fragilisée, son entreprise va subir une grave crise et certainement un plan social. Immédiatement, il fait le parallèle entre sa situation et celle de Churchill en 1940. Ne devient-il pas, à ce moment, un homme providentiel auquel les Britanniques vont faire confiance ? Ce pouvoir suppose beaucoup de devoirs et, alors que le chef d'entreprise a soixante-sept ans, il décide de faire face et de tenter de redresser la barre de son entreprise.

En s'inspirant de Churchill, il décide de ne rien cacher des difficultés à ses salariés voulant leur annoncer *blood, toil, tears, and sweat* (« je n'ai rien d'autres à offrir que du sang, de la peine, des larmes et de la sueur »). Avec un coaching efficace, il tempère ses ardeurs churchilliennes en misant sur son ressenti et ses émotions.

Face aux difficultés à venir et aux incertitudes, il s'inspire de l'entrevue de Roosevelt et Churchill le 21 juin 1942. Pour rappel, en pleine phase de négociation, Churchill apprend la terrible défaite de Tobrouk et ne dissimule pas son affliction à ses homologues américains. L'entrepreneur fait de même devant ses salariés et les associe directement aux difficultés. Ils souhaitent que tous deviennent cocontributeurs du redressement. Il entreprend la même démarche auprès de ses prestataires et de ses fournisseurs.

Tous les quinze jours, il présente sur le site intranet l'ensemble des événements impactant l'entreprise. Cette communication transparente et responsabilisante a certainement évité le défaitisme de la première heure. Depuis, sans réels heurts internes, cette PME se redresse lentement.

Quelle que soit votre situation personnelle et professionnelle, l'histoire de Churchill est un formidable exemple d'optimisme et d'ambition. Churchill a toujours cru en sa bonne étoile. Pour lui, les difficultés n'ont été qu'une occasion de relever un challenge. Il s'impose continuellement de nouveaux défis, toujours en mouvement, en action, de manière à contrer l'oisiveté qui le déprime. Il sait mener sa vie, décider et laisser place à l'action. «Je ne me méfie pas de l'action, juste de l'inaction», affirmait-il.

À vous...

- À la lumière de ces différents conseils, quelles sont les pépites, les conseils qui vous ont le plus parlé, qui vous ont semblé pertinents et efficaces ?

Notez-les :

....
....
....
....
....
....
....

Pour chacun des conseils sélectionnés, prenez le temps de répondre aux questions suivantes :

- À quoi pourrait ressembler l'action (pensez cette action comme un axe de progrès ou de développement : quelque chose que vous ne faites pas ou pas de façon optimale) que je pourrais faire, à partir du conseil de Churchill ?
– Qu'est-ce qui caractériserait cette action ?

....
....
....
....
....
....

– Quels seraient ses objectifs ?

– Ses atouts (ce qu'elle promet) ?

– Ses bénéfices : avec cette pratique, qu'est-ce que cela pourrait vous apporter dans la matérialisation de votre nouvelle posture de négociateur ?

- Imaginez que Churchill soit le parrain bienveillant de votre façon de négocier, que pourrait-il vous conseiller de faire pour vous aider dans la mise en œuvre de cette action ?

– Ce que Churchill me dirait de ne pas oublier de faire.

– Ce que Churchill me dirait lorsque les freins et les contraintes vont apparaître.

LES NÉGOCIATIONS STRATÉGIQUES DE CHURCHILL LORS DE LA SECONDE GUERRE MONDIALE

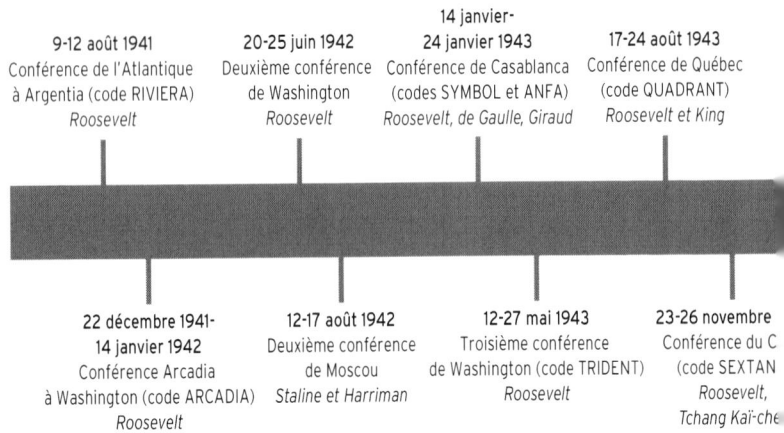

9-12 août 1941
Conférence de l'Atlantique
à Argentia (code RIVIERA)
Roosevelt

20-25 juin 1942
Deuxième conférence
de Washington
Roosevelt

14 janvier-24 janvier 1943
Conférence de Casablanca
(codes SYMBOL et ANFA)
Roosevelt, de Gaulle, Giraud

17-24 août 1943
Conférence de Québec
(code QUADRANT)
Roosevelt et King

22 décembre 1941-14 janvier 1942
Conférence Arcadia
à Washington (code ARCADIA)
Roosevelt

12-17 août 1942
Deuxième conférence
de Moscou
Staline et Harriman

12-27 mai 1943
Troisième conférence
de Washington (code TRIDENT)
Roosevelt

23-26 novembre
Conférence du C
(code SEXTAN
*Roosevelt,
Tchang Kaï-che*

En italique : les interlocuteurs principaux de Churchill

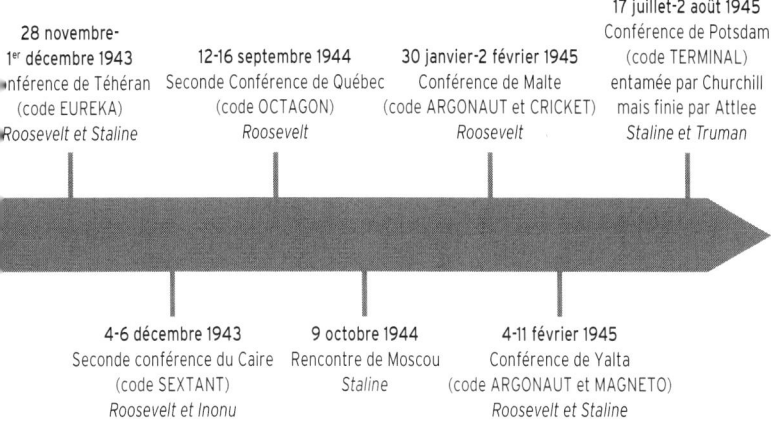

REMERCIEMENTS

Je tenais à remercier Anne Vermès pour sa confiance, son guidage et ses remarques toujours pertinentes. Encore un challenge relevé ensemble.

Merci également à Guillaume Pigeat pour sa relecture attentive.

À mes collègues, clients et partenaires, j'apprends tant à leur contact.

À toute l'équipe d'Eyrolles et à la relecture attentive d'Isabelle Chave.

BIBLIOGRAPHIE

Ces différents ouvrages nous ont servis dans la rédaction du présent ouvrage. Il ne s'agit donc nullement d'une bibliographie exhaustive mais de quelques pistes pour des lectures complémentaires.

Je ne saurai d'ailleurs qu'inviter le lecteur à se plonger dans les *Mémoires de guerre* de Winston Churchill afin d'avoir une vue, certes parfois subjective des événements, mais de cerner les différents traits de la personnalité de Churchill et de vivre un moment d'histoire grâce à une écriture vivante qui n'a guère vieilli. C'est en grande partie pour cette œuvre qu'il obtient en 1953 le Prix Nobel de littérature.

CHURCHILL Winston, *Le Monde selon Churchill : sentences, confidences, prophéties, reparties*, édité par François Kersaudy, Paris, Alvik Éditions, 2007.

CHURCHILL Winston, *Mémoires de guerre*, texte traduit, présenté et annoté par François Kersaudy, Paris, Le Grand livre du mois, 2009.

DELPLA François, *Churchill et les Français. Six personnages dans la tourmente, 1939-1940*, Paris, Plon, 1993.

DELPLA François, *La Face cachée de 1940. Comment Churchill réussit à prolonger la partie*, Paris, F.-X. de Guibert, 2003.

DELPLA François, *Churchill et Hitler*, Monaco, Éditions du Rocher, 2012.

DOBBS Michael, *Churchill à Yalta. La Pologne trahie*, Éditions Zdl, 2011.

HAFFNER Sebastian, *Churchill : un guerrier en politique*, Paris, Alvik Éditions, 2002.

JENKINS Roy, *Churchill*, Londres, Pan, 2002.

Kersaudy François, *Winston Churchill : le pouvoir de l'imagination*, Paris, Tallandier, 2000.

Kersaudy François, *De Gaulle et Churchill. La mésentente cordiale*, Paris, Perrin, 2003.

Kersaudy François, *Churchill contre Hitler : Norvège 1940, la victoire fatale*, Paris, Tallandier, 2012.

Kershaw Ian, *Choix fatidiques : Dix décisions qui ont changé le monde (1940-1941)*, Paris, Le Seuil, coll. «Points histoire», 2012.

Kissinger Henry, *Diplomatie*, Paris, Fayard, 1996.

Manchester William, *The Last Lion: Winston Spencer Churchill: Visions of Glory, 1874-1932*, Boston, Little, Brown and Company, 1983.

Manchester William, *The Last Lion: Winston Spencer Churchill: Alone, 1932-1940*, Boston, Little, Brown and Company, 1988.

Manchester William, *The Last Lion: Winston Spencer Churchill: Defender of the Realm, 1940-1965*, Boston, Little, Brown and Company, 2012.

INDEX

A
Ardoin Charles 11
Attlee, Clement 105, 131

B
Blood, Bindon 21
Brabazon, colonel 21

C
Chamberlain, Neville 56
Churchill, John 15
Churchill, Lord Randolph 14-16, 18
Clark, général 75
Clemenceau, Georges 37
Collins, Michael 42, 49

D
Darlan, amiral 62, 111
de Gaulle, général 50, 53, 62-63, 103, 109-113, 119-120, 131
Dill, John 65

E
Eisenhower, Dwight 75, 81-82, 87, 104, 111-112, 125

F
Fisher, Lord 33
French, John 33

G
Gamelin, général 58
Giraud, général 111-112, 131

H
Halifax, Lord 56, 60, 64
Hitler, Adolf 44-46, 49, 54-56, 59-61, 67-68, 83, 93, 104, 118, 137-138
Hozier, Clementine 10

J
Jerome, Jennie 15
Joffre, général 33

K
King, amiral 75
Kitchener, Lord 21, 32

L
Lawrence, T.E. (dit Lawrence d'Arabie) 41
Lindemann, Frederick 13, 55, 70
Lloyd George, David 28, 32, 34-35, 37

M
Marshall, général 65, 67, 75, 81
Molotov 54, 76
Mussolini, Benito 44-46, 59, 82

O
Orlando, Vittorio Emanuele 37

P
Pétain, Philippe 50, 58, 111

R
Ribbentrop, Joachim von 45-46, 50, 54
Roosevelt, Franklin 47, 50, 53, 63-67, 71, 73, 75, 80-86, 90, 93-94, 96-100, 102-104, 109, 111-112, 115-119, 121, 125-126, 131

S
Salisbury, Lord 21
Spaatz, général 75

Staline, Joseph 50, 53, 56, 66-68, 74-81, 84-87, 90, 93-106, 109, 113-115, 119-120, 131
Stark, amiral 75
Stimson, Henry Lewis 116

T
Truman, Harry 105

W
Welldon, révérend 19
Wilson Woodrow 37-38, 100
Wood, Evelyn 21

TABLE DES BONS CONSEILS

LES BONS CONSEILS DE CHURCHILL...
    pour tirer parti de ce que l'on est... 23

LES BONS CONSEILS DE CHURCHILL...
    **pour persuader ses interlocuteurs
et les rallier à sa position**.. 48

LES BONS CONSEILS DE CHURCHILL...
    pour préparer et se préparer à négocier 70

LES BONS CONSEILS DE CHURCHILL...
    pour maîtriser les négociations de longue durée 89

LES BONS CONSEILS DE CHURCHILL...
    **pour entreprendre
et mener une négociation constructive** 106

LES BONS CONSEILS DE CHURCHILL...
    pour s'adapter aux différents interlocuteurs 120

TABLE DES MATIÈRES

MODE D'EMPLOI
    La collection «Histoire et management» 1

CHAPITRE 1
NÉGOCIER… POUR EXISTER : LES BLESSURES DE L'ENFANCE 7
    Une personnalité complexe 9
    Une stabilité interne 10
    Le mouvement, c'est la vie 11
    Le rendez-vous raté avec le père 14
    Le mur émotionnel 16
    S'engager dans l'armée, une négociation père-fils 18

CHAPITRE 2
L'APPRENTISSAGE : LE NÉGOCIATEUR TRUBLION ET PERSUASIF 27
    Un touche-à-tout qui affirme sa force de persuasion 28
    L'échec des Dardanelles 31
    Être et se rendre indispensable 34
    Versailles : «La folie des vainqueurs» 36
    Négocier l'impossible 40
    La division, une voie sans issue 43

CHAPITRE 3
LES TECHNIQUES FACE AUX DIFFÉRENTES NÉGOCIATIONS 53
    Winston is back! 54
    Le silence comme arme de négociation 56
    Négocier sous pression : la campagne de France 57

Une victoire de la non-négociation : la bataille d'Angleterre..	59
Un choix fatidique avec la France occupée	62
Séduire Roosevelt, les États-Unis et les Américains.......	63
Rechercher le consensus avec Staline	67

CHAPITRE 4
NÉGOCIER DANS LA DURÉE : LE COMPROMIS DU DÉBARQUEMENT

.....	73
Contenter les uns…	74
… et ménager les autres...	76
Les consultations bilatérales...	80
La confrontation trilatérale : Téhéran...........................	84
La concrétisation : les débarquements alliés.................	87

CHAPITRE 5
LA NÉGOCIATION MARATHON DE YALTA OU COMMENT IMAGINER ET CONSTRUIRE UN FUTUR

	93
Analyser les rapports de force	94
Définir les objectifs...	95
Organiser sa stratégie	97
Échanger, concéder et exiger des contreparties	98
Manœuvrer, s'affronter et concilier...............................	101
Conclure et concrétiser l'accord....................................	103

CHAPITRE 6
L'ART DE NÉGOCIER AVEC DES PERSONNALITÉS COMPLEXES

	109
De Gaulle : une mise sous pression...............................	110
Staline : un duel psychologique	113
Roosevelt : le faux bon ami...	115
Finalement, Churchill est-il un bon négociateur ?..........	118

POUR CONCLURE
CHURCHILL, UN EXEMPLE DANS LE PILOTAGE DE NÉGOCIATION COMPLEXE

	123
Développer une stratégie efficace de négociation.........	124
Garder de la distance face aux échecs commerciaux ...	125
Oser risquer, négocier et agir, surtout en situation difficile	126

Table des matières

ANNEXE 132

REMERCIEMENTS 135

BIBLIOGRAPHIE 137

INDEX 139

TABLE DES BONS CONSEILS 141

Achevé d'imprimer : Sepec Numérique
N° d'éditeur : 4927
N° d'imprimeur : N02672160618
Dépôt légal : juin 2016
Imprimé en France